# 명동 아가씨

■ 이 도서의 국립중앙도서관 출판시도서목록(CIP)은
e-CIP 홈페이지(http://www.nl.go.kr/ecip)와
국가자료공동목록시스템(http://www.nl.go.kr/kolisnet)에서 이용하실 수 있습니다.
(CIP제어번호: CIP2012003437)

# 명동 아가씨

근현대 여성 공간의 탄생

김미선

마음산책

# 명동 아가씨

1판 1쇄 인쇄 2012년 7월 30일
1판 1쇄 발행 2012년 8월 5일

지은이 | 김미선
펴낸이 | 정은숙
펴낸곳 | 마음산책

편집 | 심재경·배윤영·이승학·정인혜    디자인 | 정은화·이혜진
마케팅 | 권혁준·이효정    경영지원 | 박해령

등록 | 2000년 7월 28일(제13-653호)
주소 | 서울시 마포구 서교동 395-114 (우 121-840)
전화 | 대표 362-1452 편집 362-1451    팩스 | 362-1455
홈페이지 | http://www.maumsan.com
전자우편 | maum@maumsan.com

ISBN 978-89-6090-141-4  03300

아버지와 어머니,
사랑하는 가족에게

같은 시대, 같은 공간에서 함께했다 할지라도
누구의 경험을 중심으로 해석되고 쓰이느냐에 따라
그 공간의 역사는 달라진다.

# 여성들의 자화상, 명동

**1**

내가 여성학과 대학원에 진학한 때는 2002년 가을이었다. 식민지 근대성에 관한 연구가 학계 전반에 걸쳐 활발했고, 특히 여성학 연구자들 사이에서는 신여성에 대한 새로운 역사적 재해석이 시도되던 때였다. 이러한 분위기 속에서 신여성의 생애를 다룬 글들을 수업 시간에 읽고 토론을 하면서, 식민지 조선의 근대를 단적으로 보여주는 존재인 신여성에 깊은 관심을 품었다.

현재를 살아가는 나 자신과 비교할 수 없을 만큼 급진적인 신여성들의 삶과 행보에 매혹되었으며, 참담하기 이를 데 없는 그들의 비극적인 죽음에 안타까워했다. 식민지 시기 여성으로서 꿈을 꾸고 그 꿈을 향해 나아가는 그들의 삶은 내 삶의 위태로운 결절마다 큰 힘이었다. 쉽고 익숙하고 편한 것에서 벗어나기, 내 삶의 기반을 송두리째 뒤집고 외로운 싸움을 자신에게 선포하기, 사람들의 시선에 휘둘리지 않고 자신의 길로 들어서기, 그들의 삶이 이 모든 것을 할 수 있도록 격려해주었다.

그러나 신여성의 새로운 외모와 소비문화는 당대 이래 '허영과 사치의 이름으로' 비난을 받았다. 신여성의 소비문화를 어떻게 해석할 것인가 하는 문제는 여성주의자로서 정체화해가던 나의 관심을 끌었다. 문화와 소비의 시대인 1990년대를 관통하며 페미니즘의 세례를 흠뻑 받은 수혜자로서 신여성과 이들의 소비문화를 주목하게 된 것은 당연한 귀결인지도 모른다.

이러한 나의 관심은 식민지 시기에 발간된 여성지인 〈신여성〉 〈신가정〉 〈여성〉에 실린 여성의 화장化粧에 관한 기사와 광고를 분석한 논문을 쓰는 것으로 이어졌다. 글을 쓰는 과정에서 당대 여성들의 소비가 실제로 어떠했으며, 이것이 여성의 정체성 형성에 어떠한 영향을 미쳤는지 궁금해졌다. 이러한 궁금증을 푸는 실마리는 석사 논문을 마친 후인 2006년에 여성주의 리더십을 발휘한 여성 인물을 발굴하는 구술 프로젝트에 참여하면서 찾을 수 있었다. 그리고 2007년과 2008년에 국사편찬위원회의 지원으로 본격적인 구술사 연구를 시작하게 되었다. 우리나라 최초의 미장원으로 알려진 종로 화신 백화점의 미장부와 엽주 미용실에서 미용사로 근무하였으며, 한국전쟁 이후에는 충무로에 예림미용고등기술학교를 세운 임형선 선생님, 식민지 시기 중국 천진으로 이주한 뒤 카네보 주식회사에서 타이피스트로 근무했던 양충자 선생님, 같은 시기 만주국 안동으로 이주하여 여학교를 다니며 양재기술을 배우고, 해방 후 부산으로 귀국하여 양장점과 양재학원을 설립한 이종수 선생님 등으로부터 구술을 채록해 연구하였다.

이러한 작업을 통해, 여성의 소비 공간인 양장점과 미장원이 한편으로는 여성들의 노동 공간이자 배움의 공간이었음을 알았다. 또한 다양한 여성들이 공존하는 가운데 그들의 일상을 접할 수 있는 창구임을 깨달았다. 일련의 작업은 내게 새로운 연구 지평을 열어주었다. 식민지 시기에 형성된 소비문화가 해방 이후에 연속되거나 단절되는 '변화성'을 주목해야 하며, 특히 이것을 식민지 근대 도시의 '공간성'과 관계 지으며 조망할 때 한국의 근대성을 규명할 수 있다는 것이다. 이 책에서 구술사 방법론을 통해 식민지 조선의 중심지였던 본정이 한국전쟁 이후 소비문화의 중심지인 명동으로 바뀌는 과정과 그 결과의 의미를 논의한 배경은 여기에 있다.

## 2

서울특별시 중구에 위치한 명동은 1953년 휴전협정을 맺은 뒤, 1970년대 말 강남 지역의 개발로 쇠퇴기를 맞이하기 전까지 한국 사회에서 핵심 역할을 했다. 명동은 한국 사회의 금융과 상업, 문화 예술은 물론 소비문화의 중심지였다. 한국전쟁 이후 다방과 양장점과 미장원과 같은 소비 공간이 들어서면서 하루가 다르게 활기를 띠었으며, 도시로서의 면모를 갖추었다. 명동은 서울에서 가장 번화한 곳이자, 외부 세계와 긴밀하게 연결된 곳이었다. 이로 인해 아침부터 늦은 밤까지 사람들의 행렬로 발 디딜 틈조차 없었다. 여성들은 명동의 양장점과 미장원에서 옷을 맞추거나 머리를 하였으며, 이곳에서 양재사나 미용사로 노동을 하였다. 또한 명동에 들어선 다방에서 사람들을 만나고 명동에 소재한 극장과 영화관에서 문화생활을 하였다. 전후 한국 사회의 소비문화 중심지로서 명동이 부상하는 데 여성들이 그 중심에 있었다.

이 책은 「1950~1960년대 여성의 소비문화에 관한 연구 : 서울 명동明洞의 양장점과 미장원을 중심으로」(《서울학 연구》 2012년 봄호)라는 논문에서 시작했다. 이 글을 쓰면서 품은 문제의식과 그 내용을 토대로 하면서도 다양한 자료를 보충하여 단행본 체제에 맞게 새롭게 썼다. 명동의 양장점과 미장원이라는 소비 공간을 중심으로 여성의 소비문화와 관련한 자료들을 살펴보았다. 이 시기 대표적인 여성지로 알려진 〈여원〉과 신문 자료를 수집하였으며, 경험자들의 구체적인 이야기를 드러내기 위해서 충무로에 예림기술미용고등학교를 설립하여 운영했던 임형선 선생님, 명동에 소재한 무역회사에서 근무했던 안경숙 선생님, 명동의 라모드 양장점에서 근무했던 양재사 곽정희 선생님, 스왕 미용실에서 근무했던 김영남 선생님, 화창 양복점에서 근무했던 진기홍 선생님을 만나 구술 채록을 하였다.

이 책은 명동이 가진 공간적 특징을 여성주의적 관점에서 밝혀 한국전쟁 이후 1950년대와 1960년대 소비문화를 매개로 탄생한 여성들의 공간을 되살려보고자 한다. 이 과정은 명동이 여성의 '해방구'였는가라는 질문에 대한 답을 찾아가는 과정이 될 것이다. 책은 크게 두 부분으로 이루어졌다. 1장과 2장은 '여성, 명동으로 모이다'

라는 제목으로 묶여 명동의 역사적 등장과 그 재편 과정을 다루었으며, 3장과 4장, 5장은 '여성, 명동을 만들다'라는 제목으로 당대 여성들에게 명동이라는 도시 공간이 지닌 의미를 밝혔다.

먼저 1장에서는 명동이 한국 역사의 주요한 무대로 등장한 과정을 들여다보았다. 식민지 시기 명동이 일본인에 의해 '개발'된 과정과 새롭게 등장한 근대적인 소비 공간을 살핀다. 2장에서는 한국전쟁 이후 1960년대까지 명동이 젠더화한 소비 공간, 즉 여성들에 의해 여성들을 위한 공간으로 재편되는 과정을 알아보았다. 전후 명동이 겪은 변화를 추적하며 이 기간 동안 명동에 들어선 양장점과 미장원의 실태를 분석하였다.

3장에서는 명동에서 이뤄진 여성들의 소비문화를 본격적으로 다루었다. 미장원과 양장점을 방문한 고객은 누구이며, 이들은 어떠한 서비스를 제공받았는지를 양재사와 미용사들의 입을 통해 전달하였다. 또 여성지를 통해 제공된 최신 유행은 무엇이며, 어떠한 방식으로 전달되었는지를 살펴보았다. 이뿐 아니라 여성의 치장과 이를 위한 소비를 둘러싸고 벌어진 담론을 분석하였다. 4장에서는 명동이 여성의 노동 공간으로서 어떤 역할을 하였는지를 중심으로 다루었다. 전쟁 이후 여성들이 공적 영역으로 진출하게 된 배경과 많은 여성들이 양장점과 미장원에서 근무하게 된 이유를 살펴보았다. 여성들이 명동의 양장점과 미장원에서 양재사로, 미용사로 일하면서 경험한 노동의 세계를 보여주고자 하였다. 5장에서는 명동이 문화 공간으로서 여성들에게 지닌 의미를 살펴보았다. 명동을 기반으로 여성들이 네트워크를 형성하며 이것이 하나의 커뮤니티로 작동했던 측면을 주목하며, 여성들이 향유한 문화생활을 살펴보았다. 여성들에 의해 구성된 명동의 소비문화가 용광로처럼 하나의 새로운 도시 문화를 만들어내는 동시에, 여성들 사이에 존재하는 차이와 그 간극이 엄연히 존재하였던 사실도 놓치지 않았다.

이를 통해, 명동은 여성들에게 소비의 공간일 뿐만 아니라, 노동의 공간이자 문화의 공간이었음을 드러내고자 하였다. 명동의 장소성을 밝히는 작업, 명동을 이해하는 것은 한국의 소비문화사를 이해하는 단초다. 그리고 여전히 현재 진행형인 여성 소비문화에 대한 부정적이고 편향 일변도인 이해를 넘어서, 그 안에 담긴 여성들의 다층적인 경험과 이것이 갖는 함의를 주목할 수 있는 기회가 되기를 바란다.


**3**

이 책은 한국 전쟁 이후 명동에서 한 시대를 체험한 '역사적' 존재로서 '개인'의 역사를 들려주신 임형선, 안경숙, 곽정희, 김영남, 진기홍 선생님께 가장 큰 빚을 지고 있다. 연구에 도움이 될지 모르겠다며 연구자를 오히려 염려해주시고 옛 사진을 보여주시고 기억을 떠올리기 위해 명동에 다녀오시는 수고를 아끼지 않으셨다. 이분들이 아니었다면 이 책은 독자들과 만날 수 있는 기회조차 가질 수 없었을 것이다. 특히 여성사 공부를 계속 할 수 있도록 격려해주실 뿐만 아니라 당신의 삶과 지혜를 나눠주신 임형선 선생님께 깊은 감사의 말씀을 전하고 싶다. 임형선 선생님과의 만남은 한국 근현대사를 관통하여 살아온 여성들의 생생한 체험과 지혜를 이 시대를 살아가는 여성들과 다음 세대에 전달하는 매개자로서, 한국 여성사를 연구하는 연구자로서, 내 자신을 정체화하는 결정적인 계기가 되었다. 지금까지 보내주신 격려와 응원에 대한 보답은 의미 있는 여성사 연구를 헌사하는 길밖에는 없을 것 같다.

이 책이 나오기까지 도움을 주신 많은 분들이 있기에 감사함을 전하고 싶다. 먼저, 한국 여성의 역사에 관심을 품도록 그 계기를 마련해주신 장필화 교수님과 "착한 페미니스트가 되고 싶으냐"는 질책을 시작으로, 신여성의 소비문화 연구로 이끌어주신 것은 물론 여성학자로 작은 첫발을 뗄 수 있도록 많은 가르침과 격려를 해주신 김은실 교수님을 비롯하여 여성학에 대한 학문적 관심을 심화시킬 수 있도록 가르침을 주신 이화여대 여성학과 교수님들께 깊은 감사를 드린다. 그리고 구술 작업을 할 수 있도록 기회를 주시고 역사학자가 되려는 나에게 격려와 응원을 보내주신 울산대 역사문화학과 허영란 교수님께 감사드린다.

이 책의 원고를 읽고 소감과 조언을 나눠준 이화여대 국문과의 신혜수, 서울대 사회학과에서 박사 논문을 준비 중인 강인화, 학산출판사에서 오랫동안 편집자로 근무한 신희현과 저자 사진 촬영은 물론 스펙터클한 나의 고민을 항상 들어주고 조언과 격려를 해준 이유사진연구소의 김나연에게 고마움을 전한다. 아르바이트 소개는 물론 밥과 차를 사주며 여성사 공부의 끈을 놓지 않도록 격려해준 여성학과 선후배들과 친구들, 꿈을 포기하지 않고 오늘도 고군분투하는 대학원 학생회 친구들, 각자 자기가 선 자리에서 열심히 살고 있다는 것만으로도 커다란 힘이 되는 서울시립대학교 총여학생회 선후배들에게도 고맙다는 말을 전하고 싶다. 그리고 20대를 관통하는 동안 함께함으로써, 지금의 내가 있도록 해준 '그대들'에게 멀리서나마 고마움과 때늦은 사과를 보낸다.

신문 기사에 실린 논문의 제목을 보고 책을 내보자며 제안을 해주고 책의 형태를 갖출 수 있도록 애써주신 출판사 마음산책에도 고마움을 전한다.

2012년 7월

김미선

명동의 장소성을 밝히는 작업,
명동을 이해하는 것은
한국의 소비문화사를 이해하는 단초다.

"밀려오고 밀려가는 인파…… 인파……
여하간에 한국의 유행은 서울에서 퍼지고
서울의 유행은 명동에서 시작된다."

"진열된 유리창 앞을 겹저고리 바람의 젊은 여인이 지나가고
신문 파는 어린이의 발걸음이 멈추어진다.
정녕 봄은 명동의 진열장으로부터 오는가?"

"명동 거리 쇼윈도에 꽃 피네.
정다운 젊은이 행복한 얼굴에 눈동자가 별처럼 빛나네."

"나는 M 거리로 발길을 돌렸다.
M 거리 생각만 해도 가슴이 뛴다.
인생에 참여한 기쁨을
이 지역에서만큼 만끽할 장소도 없다."

"생긋이 웃고 간 서울 아가씨,
명동 길 나풀나풀 미도파는 정든 곳,
멋쟁이는 반해서 알쏭달쏭 휘파람 불며 불면서
뒤꽁무니 늘어붙어 옆 눈길로 윙크한다."

차례

**여성,
명동을 만들다**

■ 일러두기

1.  언론 매체와 영화, 노래 제목은 〈  〉로 묶었고, 책 제목은 『  』로, 논문과 기사, 편명은
    「  」로 묶었다.
2.  기사나 기고문 등을 인용한 경우 원문 표기를 살리되, 띄어쓰기는 현재 기준에 따랐다.
3.  지은이의 주는 글줄 상단에 맞추어 작게 표기하였다.
4.  본문의 색 글자는 지은이의 강조이다.

# 명동의 공간적 범주

명동明洞은 오늘날의 서울특별시 중구에 위치한 곳이다. 조선 시대에는 한성부 남부 '명례방'이라고 불렸는데, 여기서 '명明'자를 따왔다. 한성부가 식민지 시기에 경기도 경성부로 바뀌면서 경성부 명동이 되었다. 1914년 명치정 1정목이라는 일제식 명칭으로 바뀌었으며, 1943년 구 제도를 실시하면서 중구에 속하게 되었다. 해방 이후 1946년에 우리말 동명으로 개정하여 명동 1가로 변경되었다.[1]

오늘날 명동은 엄밀한 의미에서는 법정동인 명동 1가와 명동 2가를 통칭한 지명이다. 법정동이란 법률로 지정된 행정구역을 말한다. 전통적으로 불리던 이름을 지역 명칭으로 쓰며, 대부분 식민지 시대에 정해진 대로 현재에 이르고 있다. 그러나 현재 명동 주민센터가 '명동'이라는 이름으로 관할하는 행정동 구역은 장교동, 무교동, 다동, 태평로 1가, 을지로 1·2가, 회현동 1·2가 일부 및 회현동 3가, 남대문로 1·2가 일부, 삼각동, 수하동, 수표동, 명동 1·2가, 충무로 1·2가, 저동 1가, 남산동 1·2·3가, 예장동 일부 지역까지다.[2] 행정동은 행정과 주민의 편의를 위해 정해진 것으로, 법정동과 달리 주민 수의 증감에 따라서 설치 또는 폐지된다. 따라서 명동의 법정동과 행정동의 지역적 범주가 다름을 확인할 수 있다.

**【지도 1】명동의 법정동 권역**

**【지도 2】명동의 행정동 권역**

이 책에서 다루고자 하는 명동은 법정동과 행정동이 지칭하는 범주와는 차이가 있다. 여기서 명동이라 통칭되는 범위는【지도 3】(32쪽)에서 녹색으로 칠한 부분이다. 즉 북쪽으로는 을지로입구역에서부터 을지로 2가 사거리까지(을지로), 남쪽으로는 회현 사거리에서 퇴계로 2가 교차로까지(퇴계로)이며, 동쪽으로는 삼일로와 서쪽으로는 남대문로에 둘러싸인 지역이다. 따라서 명동의 공간적 범주에는 명동 1가와 명동 2가, 충무로 1가와 2가, 저동 1가, 을지로 2가, 남대문로 2가가 포함된다. 또한 명동에 위치한 거리에는 고유한 이름이 있는데, 중앙로[3], 명동길[4], 충무로[5], 명동 1번가[6], 명례방길[7], 남대문로와 중국대사관길[8] 등이 대표적이다.

명동의 공간적 범주를 다시 설정한 것은, '명동'이라는 이름을 둘러싸고 특히 1950년대와 1960년대에 구성된 공간적 범주가 현재 법정동·행정동의 범주와 다소 다르기 때문이다. 식민지 시기 일본인이 자리를 잡고 독점적인 거류지를 형성했던 곳은 남산 기슭, 특히 진고개 일대였다. 일본인들은 이곳을 본정이라 불렀는데, 본정 1정목과 본정 2정목이 여기에 해당하는 지역이었다. 조선 시대까지만 해도 권세가 없는 양반이 머물렀던 곳으로 주목할 만한 지역은 아니었지만, 이곳에 거류지가 형성되면서 백화점을 비롯하여 양품점과 다방 등이 들어선 근대적인 상권으로 변하였다. 그 결과, 본정은 식민지 조선의 경제와 사회, 문화의 중심지가 되었고 한국 근현대사의 중요한 무대로 등장하였다. 해방 후 이 지역은 이순신 장군의

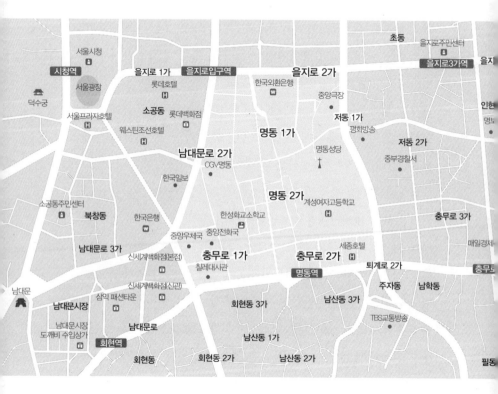

서울시청

초동
을지로주민센터

시청역          을지로 1가      을지로입구역          을지로 2가          을지로3가역          을지

서울광장                        롯데호텔                    한국외환은행          중앙극장                              인현

덕수궁                                            소공동        롯데백화점                          저동 1가                              명노

서울프라자호텔                                                              명동 1가              평화방송          저동 2가

웨스틴조선호텔                                                                                          중부경찰서

소공동주민센터                            남대문로 2가                                          명동성당

북창동                                        CGV명동                                          명동 2가          계성여자고등학교          충무로 3가

한국일보                                                                                                                  매일경제

소공동주민센터                    한국은행              한성화교소학교

남대문로 3가                    중앙우체국        중앙전화국                        충무로 1가          충무로 2가          세종호텔          퇴계로 2가          충무

신세계백화점(본점)                            칠레대사관                    명동역                                          충무

남대문                                신세계백화점(신관)                                          남산동 3가          주자동          남학동

남대문시장          삼익 패션타운                                        회현동 3가

남대문시장                            남대문로                                                                    남산동 1가          TBS교통방송

도깨비 수입상가        회현역                                  회현동 2가          남산동 2가

회현동          회현동          회현동 2가          남산동 2가          필동

【지도 3】명동의 공간적 범주

생가 터가 있다는 이유로 충무로 1가와 충무로 2가로 명명되었다.

한편 명동이라는 지금의 법정동에 해당하는 지역인 명치정은 1930년대에 이르러 카페와 식당이 들어서면서 사람들이 드나들기 시작했지만, 여전히 본정의 배후지로서의 성격이 강했다. 그러나 한국전쟁이 끝난 후, 명동 1가와 명동 2가 일대를 중심으로 양장점과 미장원, 양복점 같은 소비 공간이 등장하면서 충무로 1가와 충무로 2가에 비해 더 많은 사람들이 드나들게 되었다. 명동의 공간적 중심지가 충무로에서 명동으로 이동하게 된 것이다. 다시 말해, 식민지 시기 이 지역의 중심은 본정이었으며 명치정과는 분리되었다. 그러나 해방과 한국전쟁을 거치면서, 명동은 충무로 일대를 포함한 광범위한 지역을 지칭하게 되었다. 식민지 시기에는 본정 1정목에 보행자 수가 가장 많았지만 전후에는 명동 입구와 시공관이 있는 명동 1가에 가장 많았다.

전후 실시된 재건 사업으로 명동이 격자형의 모습을 갖추게 되면서 명동의 공간적 범주는 더욱 분명해졌다. 이렇게 해서 1950년대와 1960년대에 명동은 식민지 시기에 명치정 1정목과 2정목이라 불렸던 공간과 본정 1정목과 2정목으로 불렸던 지역을 통칭하는 것으로 이해되기 시작하였다.

이러한 공간적 범주는 지금까지도 남아 있다고 볼 수 있다. 물론, 오늘날 사람들이 생각하는 명동의 범주에는 저마다 차이가 있다. 사람들은 개인적인 경험이나 추억이 있는 장소를 위주로 공간을 인

【지도 4】 중앙로

【지도 5】 명동길

【지도 6】 충무로

【지도 7】 명동 1번가

【지도 8】 명례방길

【지도 9】 남대문로, 중국대사관길

지하기 때문이다.[9] 그럼에도 현재 명동이라고 불리는 지역의 범주는 한국전쟁 이후부터 1960년대에 이르는 시기 동안 구성되어왔다고 볼 수 있다. 이 책에서는 명동의 범주를 그 역사성을 드러내는 공간으로 정의하려 한다. 명동은 서울에서 가장 번화한 곳이자 금융과 상업 지구, 문화 예술의 중심지로, 최첨단 유행에 가장 민감하게 반응하면서 외부 세계와 긴밀하게 연결된 곳으로 지금까지 자리하고 있다.

# 여성,
# 명동으로 모이다

# 1   근대적 소비 공간의 탄생

## 조선의 '빠리'가 된 본정과 명치정

명동은 식민지 시기 일본인에 의해 새로운 소비 공간으로 부상하면서, 한국 근현대사에서 중요한 무대로 등장하였다. 일본인들이 조선에서 처음 자리를 잡은 곳은 남산 기슭이었다. 이 일대는 원래 '남촌'이라 불렸는데, 가난한 양반이나 하급 관료들이 주로 거주하였다. 1882년 임오군란 이후 일본인들은 남산골 진고개에 일본 공사관을 세우고 이 일대를 독점적인 거류지로 정하였다. 이때부터 일본인들은 진고개 일대를 일본 또는 본국을 의미하는 본정통本町通이라고 부르기 시작했다. 1906년에는 이곳에 통감부를 세웠는데, 조선이 강점당한 이후 이름이 조선총독부로 바뀌어 1926년까지 있었다. 일본은 서울역과 가깝고 조선 정치의 중심지인 경복궁과 마주한 본정통과 그 일대를 거점으로 새로운 상권을 개발하고 조선을 장악하기에 이르렀다.[1]

1910년에 일본이 강제적으로 한일 병합을 한 뒤 본격적으로 경성의 전차 노선이 확대되고 도시가 구획되었다. 이는 일본인 거류지가 확대되는 방향을 따라 진행되었다. 도로망 역시 일본인 거류지를 중심으로 재편되었다. 특히 센긴마에鮮銀前 광장의 형성은 본

센긴마에 광장(1930년대)

정의 중심성을 강화하는 요인으로 작용하였다. 이 광장은 경성부 청사, 조선은행 사옥현재 화폐금융박물관, 경성 우편국 청사로 둘러싸였다. 황금정현재 을지로의 동양척식주식회사, 조선호텔, 조선식산은행 등과 연결되면서, 식민지 조선의 행정과 경제, 문화의 중심지가 되었다.[2]

당시 경성부의 주요 도로별 1일 최대 보행자 통행량은 남촌, 특히 본정통의 위상이 어떠했는지를 잘 보여준다. 식민지 시기 보행자 수가 가장 많은 거리는 본정 1정목이었다. 번화가였던 종로 2가는 1930년대 중반에 들어서면서 보행자 수가 감소하여 본정 1정목을 지나다니는 보행자 수의 3분의 1 정도밖에 되지 않았다. 명치정 2정목은 본정 1정목에 비해 4분의 1 정도였다.[3] 이처럼 식민지 시대 거의 모든 정치·사회·문화적 기능이 본정통을 중심으로 집중됨에 따라 남촌은 말 그대로 경성의 중심, 더 나아가서는 조선의 중심 기능을 하였다. 이로 인해 식민지 조선의 상권, 즉 경제의 중심 역시 종로에서 본정통으로 옮겨졌다. 그리고 이곳의 주인은 일본인이었다.[4]

일본인이 운영하는 상점들은 조선인 고객을 끌어들이기 위해 세일이나 경품 등 다양한 방식을 취하였다. 당시 조선인이 발간하던 신문은 새해를 앞두고 조선인이 주도하는 종로 상권이 일본인 중심의 본정통 상권에 밀리는 상황을 보여주는 기사를 실었다. 1924년 12월 26일자 〈동아일보〉에 실린 「종로와 본정통의 세말歲末」이라는 기사에 따르면, 조용한 종로 거리와 달리 본정통에는 붉은색으로 크게 '세모대매출歲暮大賣出', 요즘 표현으로 말하자면 '연말 대바겐세일'이라고 쓴 깃발들이 가게마다 걸렸다. 연말 상여금을 받는 이들은 관청이나 은행의 직원들로 대부분 일본인이었으며, 그 돈을 벌어들이는 사람들 역시 일본인 상인이었다. 이에 신문들은 연말 상여금도 받지 않는 조선인들이 종로에서 물건을 사지 않고, 일본인들의 비웃음도 모른 채 전차를 타고 늙은 부모와 어린아이까지 끌고 나와 본정통에서 비누 하나라도 사려 한다며 문제시하는 기사를 많이 실었다. 이런 비판적 시선에도 당시 조선인들은 구경을 하거나 물건을 사기 위해, 혹은 유흥을 즐기기 위해 본정통을 드나들었다.

식민지 시기에 본정에 새로 형성된 상점가는 일본과 서양에서 들어온 낯설고 신기한 외래문화의 집합지로서 이전과는 확연히 달라진 소비문화를 상징하였다.[5] 본정과 명치정의 상가에서는 대부분 의류와 식료품 등 생활에 필요한 용품을 판매하였는데, 이들 물품은 일종의 기호품이자 취미와 유행이 반영된 소비품이었다.[6]

당시 본정과 명치정 상가의 구조와 변화가 어떻게 나타났는지를 살펴보면 다음과 같다.[7] 1910년에 경성에서 일본인이 운영하는 상점은 총 171개였으며, 본정에 92개가 있었다. 본정 1정목은 양복점과 잡화상 등 서구 수입품이 주류를 이루면서 '도심형' 업종 분포를 보였다. 본정 2정목에는 금물상, 오복상, 잡화상, 시계상, 양화점 등 본정 주변에 거주하는 일본인을 대상으로 하는 업종과 도심형 업종이 혼재되어 있었다. 이 시기 본정 상가는 일본인 고객을 대상으로 하는 상권이었다. 그러나 1920년대로 접어들면서 본정은 조선인 고객을 적극적으로 끌어들이기 시작했다.

1926년경에 이르면, 본정 1정목에는 도장포, 문구·완구점, 과자점, 금물상 등이 골고루 분포하며 다양한 업종이 선보였지만, 점포의 수에서는 본정 2정목을 훨씬 밑돌았다. 그 대신 이 일대에는 경성부 관사와 은행, 회사의 본점이나 지점, 대규모 무역상이나 병원이 곳곳에 자리하며 소매 상가인 동시에 업무 지구로서의 특징을 보였다. 본정 2정목은 본정통의 최다 점포 밀집 지구로서 업종 면에서는 본정 1정목과 큰 차이가 없었다. 하지만 상대적으로 소규모의 점포가 많았다. 본정 2정목은 본정 1정목에 비해 필지가 세분화되었고, 각 필지마다 점포가 한두 개씩 자리하고 있었다. 전체적으로 본정 2정목은 생활필수품보다는 의류나 사치품, 또는 문화상품 관련 상점이 다수를 점하고 있었다. 도매업을 하는 개인 무역상이 많은 것도 본정 2정목의 특징이었다.

1930년대에 들어서면서 본정 상가는 커다란 변화를 겪는다. 첫번째는 경성부 안의 상점가가 확대된 것이다. 1920년대까지 경성에서 공설 시장을 포함한 시장 이외에 상가로 꼽을 만한 곳은 종로와 본정통에 불과하였다. 그러나 1930년대 중반 이후에는 남촌의 명치정 1·2정목 등이 추가되었다. 이런 흐름 속에서 본정은 의류품과 문화용품 상가로 특화되었다. 두 번째는 대형 백화점의 신축과 증축이었다. 남촌의 4대 백화점 중 미츠코시, 미나카이, 히로다 백화점 등 세 곳이 본정에 위치하여 경성의 대표적인 백화점가를 형성했다. 백화점의 영향으로 1930년대 후반에 이르면 문방구상이나 완구상, 서적상 정도가 독립 점포로 본정 1정목에 남고, 나머지 잡화상들은 고층 건물에 모여 백화점과 유사한 구조를 갖추어갔다. 세 번째는 1930년대 이후 새로운 상품이 증가하고 도시 중산층을 대상으로 한 소비 산업과 유흥업이 급속히 확대된 것이다. 라디오와 축음기, 사진기 등을 판매하거나 수리하는 업소가 본정 1·2정목 사이에 생겨났으며, 1933년경부터 본정 2정목과 명치정 일대에서 다방 문화가 본격적으로 형성되었다. 본정 1정목에는 대형 백화점과 복합 상점 등 규모가 큰 상점이 밀집해 있었다면, 본정 2정목에는 1정목과 동일한 업종 분포를 보이면서도 규모가 작은 상점이 다수를 점하고 있었다.

일본인 야노 타테키가 1936년에 쓴 『신판 대경성 안내』를 통해, 소비 공간으로 변한 남촌의 본정과 명치정의 모습을 자세히 알 수 있다.

경성의 명물, 본정통 입구는 좌측으로 우체국이 있고 한쪽 거리에만 집이 늘어서 있는 듯한 쓸쓸한 풍경이지만, 우측은 시노자키 문구점, 산안 약국이 있고, 이어서 대화헌과 본소옥의 두 과자 가게가 서로 경쟁을 하는 모습을 볼 수 있으며 좌측에는 일본 악기가 레코드를 울리며 활기를 자아낸다. 평전 백화점히로다 백화점은 신혼 가정을 꾸미려는 사람에게는 없어서는 안 될 부엌 용품과 식료품, 일용 잡화로 신부들에게 익숙한 가게이다. 이곳의 식료품 매장에는 경성의 백화점 점원 중에서 가장 근면하다고 평판이 자자한 방긋방긋 웃는 얼굴의 아가씨가 있다.

여담은 이쯤에서 그만두고 조금 스피드를 올려 본정을 지나가보도록 하자. 우측으로 경성 운동구 상회가 있지만 이보다 조금 앞쪽인 2정목에 있는 카도야(상점 이름)와 경쟁이 붙었다. 카도야의 젊은 주인은 학생층과 산악회 등의 여러 가지 단체에 접근해서 온 힘을 쏟아붓는다. 운동경기가 성한 경성이기 때문에 벌어지는 것으로는 씨름 경기가 있다. 대택 사진기점, 치치부야 오복점, 종방 서비스 스텐이션(카네보서비스스테이션), 환일 오복점, 단마옥 가방구두점, 총곡 잡화점, 일노환 일용품점, 삼중정 백화점미나카이 백화점 등이 눈에 띄면 본정통도 중심에 다다른 것이다.

일지출옥 그림 엽서점에서 좌측으로 꺾어지면 명치정의 번화가로 들어간다. 삼중정은 본정 입구쪽은 2층 건물이지만 안쪽은 5층의 당당한 대백화점이다. 이처럼 층수를 달리 한 것은 가까운 뒷길에 경성 시가 계획으로 생기는 간선 자동차 도로 때문이다. (…) 전중 시계점의 옆으로 들어가면 일활의 상영관인 희락관이 바로 눈앞에 있다. 그리고 본정 호텔, 응평 금고점, 좌백의 가구점이 얼굴을 맞대고 있으며 그곳

**본정 1정목(위)**

경성의 본정 1정목 입구로 좌측에 경성 우체국이 보인다. 여기서 본정통은 시작된다.
이 거리에는 일본 여성들은 물론 한복을 입은 조선 여성들이 눈에 들어온다.

**본정 2정목(옆)**

본정 입구에서 들어와 본정 1정목을 지나 본정 2정목에 들어설 수 있다. 본정통에는
가로등이 설치되어 있으며 2~3층짜리 건물에 일어로 쓰인 간판이 걸려 있다.

The Street of Hommachi 2-chome, Keijo.
本町二丁目 (京城名所)

명치정과 상점들

에서 자동차 도로가 서로 교차한다. 본정은 자동차나 자전거를 타고 들어오는 것이 금지되어 있기 때문에 2정목 부근에 용무가 있을 때는 여기서 자동차를 돌리지 않으면 안 된다. 거리는 이곳에서부터 약간의 상승감을 가지고 올라가게 되는데 구옥 과자, 금강산 찻집, 촌목 시계, 산구 다기, 게다가 미작, 정유사, 명치 제과 등의 음식점, 과자점, 찻집 등이 서로 경쟁하는 곳이다. [8]

이처럼 본정통이 생활용품을 파는 상권 기능을 주로 맡았다면 본정통과 나란히 위치한 명치정은 차나 커피를 마시고 음식을 먹을 수 있는 먹자골목, 혹은 유흥을 할 수 있는 거리였다.

명치정 1정목은 큰길 쪽은 소매점가, 골목 일대는 카페, 꺽다점, 오뎅 가게, 지나 요리, 식당 옥돌 등이 있는 향락지이다. 또 활동사진을 주로 보는 낭화관이 있으며, 송죽 영화 개봉관을 건축 중이고 최근에는 지나 영사관을 이전하여 그 자리에 파라다이스를 만든다는 소문도 있어, 곧 이 부근은 하나의 환락경을 출현시킬 것이다. 마루 빌딩과 국수라고 하는 두 건물을 전면에 둔 뒷골목의 카페에서는 붉은 등이나 푸른 등을 켜고 집집마다 여행객에게 색다른 기분을 맛보도록 하는 한편, 최근 지나 요리를 파는 봉래각이 이쪽으로 이전하였고 손쉽게 즐길 수 있다는 점을 내세운 중화정이 본정 입구에 아름다운 가게를 열었다. 장어 요리 가게인 강호천이 낡은 간판을 자랑한다면 남대문 전차길 방향에 천대전 그릴, 화월 식당 등과 같은 서양 요리 가게가 있는 것도 명치정의 재미있는 모습이다. (…) 명치정의 또 다른 특색은 주식 매매꾼의 거리라는 점이다. 손이 한 번 움직일 때마다 천량이 오고 가는 시장이 서고, "산다, 판다" 하며 시끄럽게 떠드는데 이 증권부(주식 취인소) 부근에는 합백사(사설거래사)가 들끓는 때도 있다. 또한 가까이에 금매매상 덕력 상점이 분발하고 있다.[9]

명치정의 큰길가에 소매점가가 형성되어 있기는 했지만, 골목 일대는 일본 요리, 서양 요리, 그리고 중국 요리를 파는 다양한 식당과 카페와 찻집이 들어서 있었다. 본정통처럼 물건을 사고파는 상점의 수는 많지 않았다. 이처럼 1930년대에 접어들어서야 번화해진 명치정은 본정 1정목과 2정목에 비해서는 그 발전의 정도가 낮았고, 본정의 배후지 성격이 강했다.

### "유행이 거기서 다 나왔지"

본정과 명치정에 등장한 다양한 상점 중에서도 여성들의 시선을 끈 것은 백화점이었다. 1930년대 경성에는 조선인이 운영하는 화신 백화점이 종로에 있었으며, 일본인이 운영하는 네 개의 백화점이 본정과 명치정에 있었다. 본정통 입구 바로 맞은편에 미츠코시三越 백화점현재 신세계 백화점, 1930년 설립이 있었고, 본정 1정목에 히로다平田

여성, 명동으로 모이다

백화점1926년 설립이 있었다. 그리고 본정 2정목에는 미나카이三中井
백화점1932년 설립, 명치정 1정목 입구 맞은편에는 조지야丁子屋 백화
점현재 롯데 백화점 영플라자, 1935년 설립이 있었다.[10]

본정통에 위치한 백화점 가운데 미츠코시 백화점은 경성을 대
표하는 백화점으로 여겨져, 일본인과 조선인 상류층에 인기가 많
았다. 조지야 백화점은 중저가 제품을 판매하였으며 중류층 이상
의 일본인과 조선인이 주된 고객이었다. 미나카이 백화점은 고객
90퍼센트 이상이 중류층의 일본인 회사원들로, 일본 상품 전문 백
화점으로 통했다. 히로다 백화점은 다른 백화점에 비해서 저렴한
제품을 판매했기 때문에 중류층의 조선인이 몰려들었다. 이들 백
화점은 경품 추첨, 야간 연장 영업, 할인 상품권 판매, 신문과 잡지
광고, 출장 판매 등을 통해 치열하게 고객 유치 경쟁을 벌였다.[11]

한편, 본정통에는 양품점과 미장원 등 여성을 주된 고객으로 하
는 상가들이 있었다.[12] 본정과 명치정에 소재한 여성 관련 상가를
살펴보면, 1910년에 본정 2정목에 양품점인 나츠카와 일용품점夏川
小間物店이 등장하여 1930년대까지 운영되었다. 1926년경 본정 1정
목에는 스즈키 양품점鈴木과 츠카타니 양품점塚谷出張店이 있었으
며, 본정 2정목에는 화장품과 양품을 파는 합자회사 저옥호杵屋號
와 부옥 양품점富屋洋品店이 있었다.

1931년경이 되면 본정 1정목에 잡화를 소매하는 데가 11개 있었
으며, 양품점이 3개, 오복[13] 소매가 5개, 모피 소매 1개, 양복 제조

조지야 백화점

미츠코시 백화점

4개, 모직물 도매 1개가 있었다. 그리고 기성복 도소매 2개, 모자 제조 1개, 소간물 도매 1개가 있었고, 화장품을 도매하는 자생당 조선 판매 주식회사오늘날의 시세이도 화장품가 본정 2정목 95번지에 위치하였다. 1937년경에는 오복 소매가 7개, 화양 잡화 소매가 4개, 모피 소매 1개, 양품 도매 3개, 소간물 도매 1개, 부인복 1개, 양복 제조 2개, 모자 소매 4개가 있었다. 본정 2정목에서 저옥호는 화장품 도매를 계속하였다. 이외에도 본정 4정목 101번지에 있던 합자회사 일본문화 연구소가 화장품을 판매하였다.

또한 본정통 일대에는 미장원이 운영되었는데, 그 수는 많지 않았다. 미츠코시 백화점의 2층에 위치한 미츠코시 미장원은 화장을 해주는 미장실, 서양식 머리, 즉 파마를 해주는 양발실, 일본식 얹은머리를 해주는 일본발실 등을 갖추고 있었다.[14] 다음의 기사를 통해, 당시 일본인이 운영하는 미장원에서 제공하는 미용 서비스의 종류와 고객이 누구인지 알 수 있다.

미용실은 마치 열차 침대칸처럼 커튼으로 네 구역으로 나뉘어져 있고 그 이외의 공간은 대합실이다. 의자에 앉으면 No. 1에서 No. 80까지의 표시가 있는 스코어북이 나오는데 여기에 사인하고 그 번호 순으로 여자는 변해간다. 이 때문에 미용실에서는 나중에 온 사람이 먼저 시술을 받는 일은 절대 없다. 아침부터 귀부인들이 밀어닥치는 것도 이 선취권을 획득하기 위함이다. 그러나 게이샤걸 중에는 이를 위반하는 자가 있어 곤혹스러울 때가 있다. 그래서 손님의 기입이 끝나면 종업원이 빨간 펜이나 파란 펜으로 표시를 한다. 이것은 손님이 원하는 색으로 푸른 동그라미는 얼굴 면도, 빨간 동그라미는 머리감기로 불린다. 두 가지 색을 한꺼번에 쓰면 미안술美顔術을 원하는 자이다. 따라서 길가의 레이디들도 파란 동그라미, 빨간 동그라미의 범람에 지나지 않는다. 예외로는 검은 도장도 있다. 이것은 '취소'라는 의미인데 스코어북에서 거의 찾아볼 수 없다.

(…) 아무튼 색을 선택하고 나면 그녀들은 순서대로 커튼 안으로 빨려 들어간다. 드디어 구경을 할 수 있겠구나, 긴장된 마음으로 먼저 No. 1 파란 동그라미 방을 들여다본다. 이곳은 거리의 이발소와 같은 장치가 되어 있을 뿐이다. 단, 파란 동그라미 여사의 얼굴을 면도하고 있는 사람이 수염을 기른 남자라는 사실은 뉴스 토픽감이다. 전기 증기를 지나 No. 2인 파마실로 들어간다. 양 옆에 거울이 있고 중앙에는 푸른색의 문어같이 생긴 기계가 놓여 있다. 그리고 한 서양인이 의자에 앉아 그 기계를 머리에 쓰고 있다. 그 이름은 헬멧형 뉴터빈식 드라이어라고 한다. 파마를 하고 있는 것이다. 본 기자가 뒤쪽에서 정찰해 보니 거울 속의 서양인이 미소 짓고 있다.

1937년 6월 〈조선공론〉[15]

기사에서 소개된 미츠코시 미장원은 면도, 머리 감기, 파마 이외에도 일본식 머리 등의 서비스를 제공하였다. 운영 시간은 아침

9시부터 저녁 6시까지로, 상류층의 일본 여성들이 주로 드나들었다. 특히 상인이나 관리의 부인들이 드나들었으며, 게이샤 역시 드나들었다. 파마를 하는 고객은 여학교를 갓 졸업한 젊은 여성이거나 양장을 한 여성이었다.

이외에도 당시 신문에 이름이 오르내렸던 미장원으로, 1927년에 일본인 야사키 코토屋敷コト가 설립한 경성 미장원이 명치정 2정목 75번지에 있었다. 일본식이나 서양식으로 머리를 묶어주는 결발結髪, 화장, 혼례 수발 등의 서비스를 제공하였다.[16] 그리고 경성 미장부가 미츠코시 백화점 맞은편인 본정 51-21번지에 있었다. 1926년경에는 일본인 하라야마平山梅子가 운영하는 여자 미용원이 본정통의 본정 빌딩 뒷골목에 있었다. 이 미장원은 식민지 조선 최초의 미용사로 알려진 오엽주[17]가 미용 기술을 배운 곳이다.

조선 여성들은 본정통에 위치한 백화점이나 양품점, 미장원 등 여성 고객을 대상으로 하는 소비 공간에 필요한 물건을 사러 가거나 때로는 구경을 하러 갔다. 식민지 시대에 화신 백화점의 미장부와 엽주 미용실[18]에 근무하면서 일류 미용사로 이름을 알린 임형선을 통해서 이를 확인할 수 있다.

**임형선** 본정통에 카네보가 있고 거기 바로 밑에 나츠가와 고마모노라고 그게 또 아주 고급 양품점이에요. 일본 사람들은 거기 드나들지만은, 미츠코시나 카네보, 나츠가와 고마모노 같은 데는 한국 사람으로서 드나드는 사람들은 저 민씨나 이씨처럼 부호들이 드나들었어. 그런 분들은 화장품도 아주 고급으로 썼지. 그 카네보 회사로 들어가면 없는 게 없었어. 일본 거에, 고급품이. 양복부가 있고 화장품부가 있고. 양복부는 미츠코시 다음가니까. 백화점은 아니었지만, 그때 카네보에 가보자구만 그랬지. 우리는 미용원에서 일하니까 심미안을 높여야 고객하고 대화가 되잖아요. 화장이나 머리는 돈 안 들이고 할 수 있는 거니까. 허술하게 하고는 들어갈 수가 없어, 미츠코시나 카네보나. 조금 차리고 갔지. 카네보는 이층 건물인데, 건물도 예쁘고 굉장히 고급품이 많지. 여자들이 옷 만들려면 카네보의 양복부에 가서 맞췄어. 구두도 있고 없는 거 없어. 뭐, 유행이 거기서 다 나오다시피 했는데.

임형선은 가난한 미용사였지만, 미용사로서의 심미안을 개발하기 위해서 일부러 본정의 양품점이나 백화점을 구경하였다. 특히 1930년대 중반에 본정에 들어선 2층 규모의 양품점인 '카네보 서비스 스테이션'을 즐겨 찾았다. 준백화점에 해당하는 양품점으로, 화장품부, 양복부, 양품부 등이 있어 여성이 필요한 모든 물품을 구입할 수 있었다. "상류 계층의 디자인, 너무 고급스럽기 때문에 들어가기 어렵다는 자도 있지만, 그것이 여성의 허영심을 파고"들었다[19]고 할 만큼 고급스러운 물건이 많았다.

이처럼 남촌은 일본인에 의해 독점적으로 개발되었으며, 그 과정에서 특히 본정통은 소비 공간으로 재구성되었다. 그러나 일본인이 운영하는 본정의 백화점이나 상점에서 고급품을 구입할 수 있는 조선인은 일부 중·상류 계층에 한정되었다.[20]

여성, 명동으로 모이다

## 2 새로운 삶에 눈을 뜨다

### 서울의 축소판, 명동

명동은 1950년부터 3년 동안 치러진 한국전쟁으로 폐허가 되었다. 서울은 시가전 없이 북한군에 점령당했기 때문에 전쟁 초기만 해도 건물들은 온전하였다. 그러나 북한군의 보급을 차단하고 사기를 꺾기 위해 미군이 공습하자 서울역과 용산역은 물론, 인접한 명동과 충무로 일대의 건물까지 부서졌다.[1] 그러나 전쟁의 깊은 상흔 속에서도 명동은 살아나기 시작했다. 서울에서 예전 모습을 가장 빨리 찾은 곳도 명동이었다.

> 다방과 양식점과 허영과 환락도 소생!
>
> 환락과 허영의 거리 명동…… 심한 전화도 이 거리의 전롱까지 휩쓸어버릴 수는 없던 모양이다. 마치 산불 끝에 돋아나는 고사리순같이…… 다방이 막개를 나란히 하여 문을 열고…… '레스트란'과 양품점과…… 그리고 오랫동안 서울 거리를 돌아보지 않던 '마카오' 신사까지도 나타나고 보니…… 명동은 다시 차츰 잊어버렸던 분위기 속으로 돌아가고 있다 할까.
>
> 1953년 4월 19일 〈경향신문〉 「복귀 서울 소식 (9) 명동 거리」

이 기사는 1953년 7월 27일 휴전협정을 맺기 이전의 명동을 보여준다. 명동의 소생은 그 무엇보다도 강력했다. 이처럼 전쟁이 끝나기 전부터 명동이 활기를 되찾게 된 데에는 다방의 역할이 컸다. 다방은 "모리배, 부로카, 협잡배의 사무소로, 문화인들의 연락 장소

로, 집 없는 룸펜들의 편안치 않은 안식처로" 이용되었기 때문이다.[2] 사무실을 마련하기 어려웠거나 돈이 없어 잘 곳을 마련하지 못했던 사람들은 다방을 보금자리 대신 이용하였다. 다음은 한국전쟁이 끝나고 4년이 지난 1957년 명동의 어느 하루다.

빠리의 번화가 샹제리제 거리, 뉴욕의 5번가, 동경의 긴자 한다면 서울은 명동 거리. 서울에서 으뜸가는 번화가인 명동 거리는 우리나라에서 가장 번화로운 지대이기도 하다. (…) 이 땅의 냉한지대와는 아랑곳 없이 명동의 하루는 낮이면은 낮대로, 밤이면 밤대로 온갖 사치와 유행과 오락과 술과 여자로 그칠 사이 없는 소란 속에 그래도 한국 최고의 호사로운 풍경을 이루고 있다. 오백 환, 천 환짜리 지폐가 그 어느 지역보다도 마구 난무하는 곳, 명동 거리. 넓이 약 2평방키로의 이 유흥지대는 어느 일면으론 바로 서울의 축소판이기도 하다.

여기 '명동의 하루' 몇 시간의 생태를 추려본다. (…) 오전 10시: 명동이 움직이기 시작하는 것은 오전 열 시다. 일반 관정보다 한 시간 늦

은 셈인데 아침 먹고 나와서 다방에 들러 모닝커피를 마시는 사람들의 움직임이 곧 명동의 하루가 시작하는 신호이기도 하다. (…) 오후 1시: 점심시간을 기화로 명동으로 달려온 숱한 군중의 왕래로 명동 일대는 온갖 종류의 잡음으로 소란해지기 시작한다. 토요일이면 이 시간엔 소란을 넘어서 거의 귀가 '윙'할 정도로 시끄러운데 좁은 지대에 하도 많은 사람이 수선을 떨므로 그 숨소리만 하여도 골치가 아플 정도로 소란스럽다.(통계상 사람의 왕래하는 밀도로는 명동 입구가 최고로서 일 분간 평균 130명 정도) (…) 명동에 즐비하게 차려놓은 양품점, 양복점, 양장점은 도합 50개소가 넘으며, 모두가 최신의 첨단을 걷는 것으로 자처하여 이 점으로 해서 일반 상점의 그것보다 약 이 할 이상이 비싼 것도 특징. 하긴 대지 한 평에 이십만 환서부

터 삼십만 환이니 우리나라 판도 안에서 가장 비싼 땅이 바로 명동 일대. (…) 오후 5시: 명동이 정말로 활기를 띄우는 시간이 바로 오후 5시부터 약 두 시간 동안. 밀려오고 밀려가는 인파…… 인파……

'명동 족속'이라 불리우는 사람들은 남자건 여자건 간에 걸보기에 일목요연하다. 최신, 최고…… 무엇이든 이 두 가지 요건이 구비된 것만을 몸에 붙이고 또 가까이 한다는 것이 이들의 신조인데 여하간에 한국의 유행은 서울에서 퍼지

고 서울의 유행은 명동에서 시작된다. 모던 여성의 복장 스타일을 좌우
한 A라인, H라인, 후레야, 타이트, 헵번 스타일, 복스 타잎, 맘보 스타
일…… 가지가지 유행이 파리에서 뉴욕에서 동경에서 뒤늦게 수입되
어 항상 그 쌤플을 보여주는 것이 명동 거리…… 또 쌤플 노릇을 한다
는 것이 명동 뽀이나 걸들의 자랑.

1957년 11월 25일 〈동아일보〉「서울의 축소판 명동의 하루」

1957년이 되면 명동은 서울에서 최고 번화가로 자리를 잡으며
서울의 축소판으로 여겨졌다. 명동에 인구가 가장 많이 드나드는
때는 점심시간이며, 오후 5시부터 7시까지 가장 활기를 띠었다. 바
에서 일하는 접대부와 댄스홀의 댄서들이 출근하며, 여배우와 여
대생, 사업가들이 명동 거리를 걸어다녔다. 밤이 되면 당구장, 베비
야구장<sup>실내 야구장</sup>, 기원, 카바레, 댄스홀, 스탠드바, 목로주점³에 사람
들이 넘쳐난다. 전쟁이 끝나고 오래지 않아 사람들의 이목이 명동
에 집중되었으며, 명동은 최고 번화가로서 사람들을 끌어들였다.

명동 거리에 들어선 양장점의 쇼윈도, 옷을 새로 맞추기 위해 옷
감을 구경하는 여성들의 모습, 혹은 명동 거리를 걷는 여성들의 모
습이 자주 기사로 다루어졌다.

코트를 훨훨 벗어 젖혀놓기에는 그래도 좀 쌀쌀한 날씨, 그냥 코트
를 걸쳐입기에는 어깨가 무거워지는 듯싶은 그러한 첫봄. 그래도 명동

의 쇼윈도들은 봄빛 어리는 원피스너 양단 겹저고리를
마네킹에 입혀놓고 봄을 전시하고 있다. 진열된 유리창
앞을 겹저고리 바람의 젊은 여인이 지나가고 신문 파는
어린이의 발걸음이 멈추어진다. 정녕 봄은 명동의 진열
장으로부터 오는가? 관상대에서는 고기압권 내에 들어
있는 탓으로 날씨는 맑을 것이며 최고 13도의 봄 온도를
보였다는 이야기, 더욱이 공기가 매우 건조하기 때문에
불조심을 하라는 경고까지 하고 있다.

봄을 展示하는「쇼·윈도」
이젠 쌀쌀한 날씨도 풀리고

1959년 3월 17일 〈경향신문〉 「봄을 전시하는 쇼윈도」

여성이 자신의 새로운 외모를 위해 꾸미고 소비하는 모습이 전
후 상황에서 반복적으로 기사화된 데는, 화려한 모습을 보여줌으
로써 전쟁으로 인해 파괴된 시가지가 복구되었음을 보여주려는 의
도가 다분히 내포되어 있었다.

### 되살아난 명동

서울로 환도한 정부는 재건 사업을 본격적으로 실시하였다. 명동
은 서울의 재건을 위한 주요 지역으로 선정되었다. '제1 중앙 토지
구획 정리 사업'의 충무로 지구로 지정되어, 1962년에 충무로 1가와
2가, 명동의 중앙로길 일대의 재건 사업이 완료되었다. 부정형의 도
로가 직선화되었으며 도로의 폭도 확장되었다. 그 결과 명동은 격

자형을 띠었다.[4] 명동을 둘러싼 중앙청 건물은 물론, 경기도청 청사와 반도 호텔 등 주요 건물들도 수리를 마쳤다.[5]

재건과 함께 명동에는 새로운 건물이 들어서기 시작했다. 1957년에 사보이 호텔을 시작으로, 1962년에는 오양 빌딩과 한국전력 별관, 메트로 호텔, 가톨릭 여학생 회관현재 전진상 교육관이 들어섰다. 1963년에는 성모 병원이 명동성당 바로 근처에 건립되었으며, 1966년에는 유네스코 회관, 1969년에는 YWCA 건물이 세워졌다. 그리고 보건사회부와 내무부, 상공부 등의 정부 부처를 비롯하여 대한증권거래소와 각 은행의 본점들이 명동과 을지로 근처로 밀집했다. 이로써 명동은 국가의 행정과 재계의 중요 업무가 이루어지는 곳이 되었다.[6]

또한 명동 일대에는 백화점들이 문을 열었다. 해방 이후 중앙 백화점으로 이름이 바뀌었던 조지야 백화점은 1954년에 미도파 백화점으로 단장을 하고 개점하였다. 1959년에는 미도파 백화점 옆에 미우만 백화점이 문을 열었다. 미우만 백화점은 1963년에 시대 백화점으로 이름이 바뀌었다가 1973년에 미도파 백화점에 합병되었다. 한국전쟁 동안 연합군의 피엑스PX, Post Exchange로 사용되다가 1955년에 문을 연 동화 백화점은 1963년에 삼성에서 인수하여 신세계 백화점으로 상호를 바꾸었다. 1970년 명동 입구에 코스모스 백화점, 1971년 명동 안쪽에 아리랑 백화점, 1972년에는 제일 백화점 등이 개점하였다.[7]

외관상 서울의 복구와 재건은 마무리된 것처럼 보였지만, 전기나 물 부족 등으로 서울 시민은 어려움을 겪어야만 했다. 암흑과 광명이 교차할 만큼 서울 거리는 어두웠으며, 일반 서민 대다수는 전기를 쓸 수 없는 여건에 처했다. 전등불이나 수돗물 없이 생활해야 하는 경우가 많았으며 주택가는 암흑에 가까웠다. 이와 달리 명동 거리는 화려한 조명으로 밤에도 대낮처럼 환했다. 명동의 다방과 요정, 댄스홀은 공적인 용도에만 사용할 수 있던 전기 특선을 끌어다가 심야 영업을 했다.[8] 전쟁으로 부모나 가족을 잃은 어린아이들은 멋 부리고 지나가는 사람들을 붙잡고 "한 푼 줍쇼!"를 외치며, 돈을 주지 않으면 시꺼먼 숯을 묻히겠다고 겁을 주었다.[9] 비가 그친 뒤 구두를 닦는 아이들의 모습[10]은 당시 명동 거리에서 흔히 볼 수 있던 풍경이었다.

### 지는 별과 뜨는 별

이처럼 복구 사업과 전쟁의 상흔이 공존하는 가운데에서도 전후 명동의 모습에 변화가 나타났다. 해방 당시만 해도 목조건물이 있던 충무로 1가와 2가에는 대신 고층 빌딩이 자리를 차지하였으며 길 폭도 넓어졌다. 그럼에도 식민지 시기 최고 번화가로서 본정통이라 불리웠던 충무로는 그 명성이 점차 시들어갔다.[11] 충무로 1가와 2가는 명성을 잃어가는 대신에 명동 1가와 2가가 급부상하였다.[12] 사람들은 명동 1가와 2가로 몰려들기 시작했으며, 이곳으로 명동의 중심지가 이동하였다.

명동 1가와 2가가 급부상하게 된 이유는 양장점과 미장원을 비롯한 최신 유행을 이끄는 소비 공간이 밀집한 데 있다. 식민지 시기에 미츠코시 백화점이었던 건물에 한국전쟁 동안 미군 피엑스가 들어서면서 외화 및 서적 등 제반 물자가 명동의 '달러 골목'으로 퍼지기 시작하였다. 피엑스에 들어오던 외국 서적 중에는 패션에 관한 책들이 포함되었는데, 이 책들이 명동 1가와 2가에 위치한 상가로 유출되어 유행을 일으키는 직접적인 요인으로 작용하였다. 이러한 배경으로 양장점과 미장원은 중앙로와 명동길을 중심으로 자리를 잡았다. 명동 이외에는 뚜렷하게 상권이 형성된 곳이 없는 데다가 광교 등지에서 영업을 하던 양장점들까지도 명동으로 자리를 옮겨왔다. 이렇게 명동 1가와 2가는 명동에서 소비의 중심지가 되었다.[13]

명동의 중심지가 충무로 1·2가에서 명동 1·2가로 옮겨갔다고 해도, 전후 명동은 식민지 시기 본정통 즉 충무로의 장소성을 닮으면서 소생하였다. 휴전 직후인 1955년 충무로 1·2가에는 악기점, 음반상, 양복점, 양화점, 시계·귀금속상, 사진관, 다방 등 예전의 본정과 큰 차이가 없는 상점들이 다수 들어섰다. 식민지 시기에 남촌에 상권을 빼앗겼던 종로는 전쟁 직후 잠시 융성했지만, 명동에 다시 자리를 내주고 말았다. 무엇보다 식민지 시기에 본정에서 구경을 하거나 물건을 샀던, 혹은 사람을 만나 이야기를 나누고 유흥을

여성, 명동으로 모이다

즐겼던 근대적 경험은 사람들을 다시 명동으로 끌어들였다. 일본인들이 본정에 새겨놓은 장소성이 한국 경제가 새로운 토대를 잡을 때까지 살아남았다.[14]


## 유행이 삶의 양식으로 자리 잡다

명동 거리를 거니는 수많은 사람들은 '최고'와 '최신'을 추구하며 유행을 만들고 퍼뜨렸다. 그 시초가 명동의 양장점과 미장원이라 해도 과언이 아니다.


### 양장점

서울 수복 이후 명동에 처음으로 문을 연 양장점은 한 양장점으로 알려져 있다. 한동석이 운영하였으며 명동 2가 66번지에 있었다.[15] 1954년에 두 번째로 문을 연 양장점이 국제 양장사로, 역시 명동 2가 66번지에 위치하였다.[16] 송옥 양장점은 해방 이전인 1940년에 종로 1가에 개점하였으나 1·4후퇴 때 부산으로 피난을 가서 광복동에서 영업하다가 전후에 서울로 올라와 명동의 한복판에 자리를 잡았다.

2차대전 말기의 극심한 불황 속에서 오늘의 '송옥'이 종로 1가에서 개점을 보게 된 것이 오늘날의 양장계의 시조로 있게 될 줄이야. 물론 그 당시 손꼽을 수의 양장점이 있긴 하였으나 오직 금일에 이르기까지 존재하는 것은 '송옥' 하나뿐. (…) '송옥'이라면 양장점의 대명사화하리만큼 그 존재를 모르는 이가 없게 되었고 환도 후 명동에 첫발을 디딘 '송옥' 양장점이 계속 위세를 떨쳤던 것은 결코 우연한 행운만은 아니었다.

1966년 10월 〈여원〉

「최초의 여성들 : 디자이너 오송죽」(이종천 쌀롱드모드 원장)


송옥 양장점은 일본에서 양장 교육을 받고 온 오송죽과 심명언 부부가 설립하였으며, "우리나라 양장업계의 심벌"이었다.[17] 송옥 양장점과 국제 양장사는 명동 중앙로에 들어섰으며, 1970년대까지 명동을 대표하는 일류 양장점이었다.

1950년대 중반 명동에 들어선 양장점을 파악하는 데 1955년에 제작된 '서울상계약도'[18](70~71쪽)는 상당히 유용하다. 지도를 살펴보면, 이화 양장점, 부인복 전문점인 백화 양장점, 한 양장점, 명화 양장점 등 네 곳이 들어서 있다. 이외에도 명동 일대에는 동화 백화점 2층에 위치한 양장부[19]와 청실 양장점[20] 등이 있었다.

명동의 양장점 수는 시간이 갈수록 급격하게 증가하였다. '서울상계약도'에 실린 양장점은 불과 6개였지만, 4년이 지난 1959년에는 15개로 약 2배 이상 증가하였다. 한국산업은행이 1959년에 발간한 '광업 및 제조업 사업체 명부'에 따르면, 섬유공업으로 분류된 양장

| NO | 양장점 상호 | 주소 | 주인 |
|---|---|---|---|
| 1 | 모드 양장점 | 서울시 중구 명동 1가 60 | 이중완 |
| 2 | 뉴스타임 양장점 | 서울시 중구 명동 1가 63 | 김한복 |
| 3 | 노블 양장점 | 서울시 중구 명동 1가 64 | 김재원 |
| 4 | 아리사 양장점 | 서울시 중구 명동 2가 42 | 서수연 |
| 5 | 고려 양장점 | 서울시 중구 명동 2가 43 | 한정자 |
| 6 | 미진 양장점 | 서울시 중구 명동 2가 49 | 황민희 |
| 7 | 카나다 양장점 | 서울시 중구 명동 2가 55 | 문관도 |
| 8 | 오케 양장점 | 서울시 중구 명동 2가 56의 2 | 윤치성 |
| 9 | 송옥(주) | 서울시 중구 명동 2가 63 | 심명언 |
| 10 | 라모드 양장점 | 서울시 중구 명동 2가 66 | 최금린 |
| 11 | 국제 양장점 | 서울시 중구 명동 2가 66 | 최경자 |
| 12 | 보오구 양장점 | 서울시 중구 명동 2가 69 | 한희도 |
| 13 | 송이 양장점 | 서울시 중구 충무로 4가 22 | 이정자 |

1959년 명동의 양장점[21]

점이 명동에 13개, 명동을 제외한 서울 지역에 6개 있었다. 양장점이 대부분 명동 2가에 밀집되어 있음을 알 수 있다. 양장점의 수는 명동에 들어선 양복점과 비슷했다. 그러나 양복점은 명동보다는 종로와 남대문에 더 많이 분포하였다. 1959년 당시 종로 2가에서부터 종로 4가에는 29개, 남대문로에는 10개의 양복점이 운영되었다. 이처럼 양복점이 명동보다는 종로와 남대문로, 그리고 을지로에 더 많이 들어선 이유는 사무실이 많아 양복을 찾는 남성 고객들이 이용하기에 편리했기 때문이다. 그리고 '서울 안내, 명동 편'(1961년

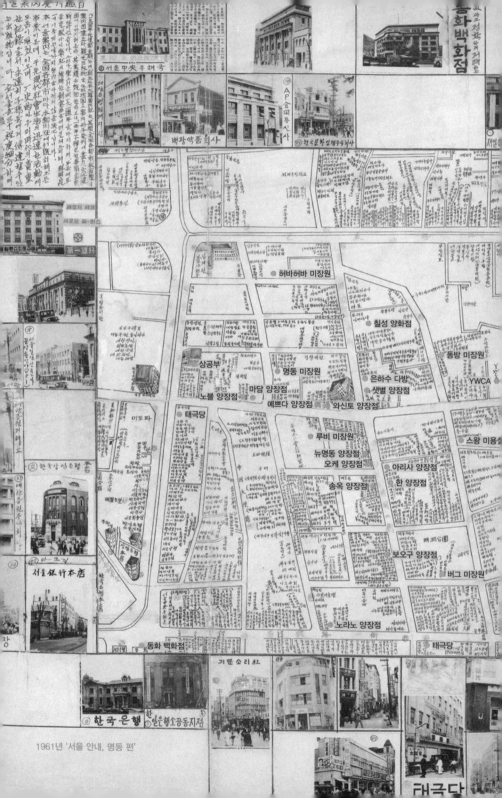

1961년 '서울 안내, 명동 편'

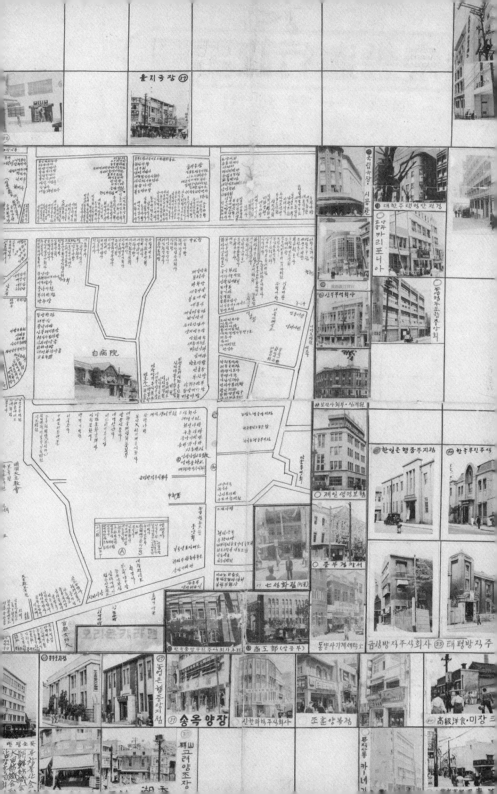

새 가을의 세련된 멋을
쌀쌀 골르에서....

명동 **로오즈** 양장점
TEL: 22 : 00 28

첨단의 써비스
안심할수 있는 가격 포근한 분위기의

**키티**
양장점

"高級 洋裝
**마더모와젤**
MADE-MOI-SELLE

洋裝界의 第一線
대자인 主任 김경히

서울 小公洞
三和빌딩

◎ 大衆洋裝의 劃期的인 發展에 成功

◎ 洋裝을 하시는 분들은 一次 試製 하십시요

◎ 價格이 싸고 優秀한 의 옷이 맞으게 만들어 진니다.
△ 在庫無常 豊富 最斷技術稀引 正確

布地로서 各種多樣

서울特別市中區
自由市場 36号

**우리양장점**
TEL. ⑦ 7621

서울 明洞

秋夕초대전
具備되었으며 각색취향에 맞도록 新版되나는 各
一般薄紅이며 體裁 單貫혈 · 裁縫등
우니 서울品 價格으로 提供합니다.
特히 저희店 細大로 品質本
細大費 服地本 新판類는

**송옥洋裝店**
TEL ㉒ 2678·1651

양장점 광고

제작, 72~73쪽)[22] 지도를 통해, 1961년에는 샛별 양장점, 마담 양장점, 미미 양장점, 예쁘다 양장점[23], 와신토 양장점, 뉴명동 양장점, 한양 양장점 등 일곱 개의 양장점이 추가되었음을 알 수 있다. 1962년경에는 양장점이 30여 개로 늘어났으며,[24] 1960년대 중후반이 되면 한 집 건너 한 집 들어설 정도로 증가하였다. 1971년에 이르면, 명동의 양장점은 150여 개에 달한다.[25] 전후부터 1960년대까지 명동의 유명 양장점으로 송옥(오송죽, 심재언), 노라노(노명자), 국제(최경자), 아리사(서수연), 엘리제, 마더모와젤(김경희), 노불, 영광사, 한(한동식), 보오구(한희도) 등을 손꼽을 수 있다.[26]

양장점은 남성 양복점에 비하면 양적으로 상당히 제한적인 규모였다. 전후 양복에 대한 수요가 폭발적으로 증가해 1950년대 중반에 이미 양복점은 전성기를 맞이하였다.[27] 이에 비해, 여성의 경우 1950년대 중반까지도 한복과 양장을 같이 입다가 1960년대로 접어들면서 양장을 입는 비중이 높아졌다. 한복은 결혼식이나 명절같이 특정한 행사에만 입는 예복화의 추세를 걷게 되었고 양장이 일상적인 의복이 되었다. 이처럼 양장화의 과정은 성별에 따라 차이가 많았다.[28]

남성 양복은 개화기 때 이미 받아들여졌으며 정부의 주도로 양복 착용이 이루어졌다. 그리하여 한복에서 양장으로의 전환이 해방 직후에는 상당히 진행되어 일반 대중에게 파급되었다. 반면에 여성 양장은 식민지 시기에 해외에서 귀국한 여성을 중심으로 이루어졌으며, 각종 논쟁을 거치면서 뒤늦게 유입되어, 1960년대에 매우 점진적으로 일상화되었다. 또한 남성은 한복을 개량하는 시도가 거의 없이 한복에서 단절적으로 양장으로 전환된 데 비해, 여성은 개량 한복을 입거나 양장과 한복을 혼용하여 입다가 양장으로 전환되었다. 남성 지식인이 양복을 입는 것은 문명화를 의미한 반면, 여성이 한복에 변화를 주거나 양장을 입는 것은 서구적인 것을 외적으로만 모방하는 사치와 허영으로 이해된 측면이 강했다.[29]

한편 옷을 만드는 직업을 디자이너(데자이너)라고 부르기 시작한 때는 1950년대 중반부터였다. 1954년 6월 20일자 〈경향신문〉에는 「의복시감, 양장과 한복 : 실질적인 창안을 위하여」라는 글이 실려 있는데, 이 글은 쓴 명동 마더모와젤 양장점의 김경희는 '데자이너'로 소개되었다. 디자이너라는 용어는 당분간 양장 연구가, 양장가, 양재사라는 용어와 함께 쓰이다가 1959년경에 정식으로 도입되었다.

### 미장원

여성의 양장에 대한 사회적 수용이 늦어짐에 따라 1950년대와 1960년대에 이르러 비로소 양장점의 등장이 본격화된 데 반해, 미장원에 대한 호기심과 관심을 불러일으켰던 시기는 식민지 시기로 거슬러 올라간다.[30] 식민지 시기에는 신문과 여성지에 화장품 광고가 쏟아져 실렸는데, 이들 광고는 미용에 관한 관심을 상당히 촉발

여성, 명동으로 모이다

했다. 한국전쟁을 전후한 시기에도 여성들이 미장원을 드나드는 것은 자연스럽게 받아들여졌다. 이로 인해 미용사라는 직업은 식민지 시기부터 근대 여성의 직업으로 주목을 받은 반면, 양재사 혹은 디자이너는 1950년대 중반 이후 여성의 직업으로 사회적 관심을 받았다.

1950년대 중반 명동에 들어선 미장원은 허바허바 미장원, 백난 미장원, 스왕 미용실, 경림 미장원, 이화 미장원 등 대여섯 군데가 있었다. 동심 미장원, 아트 미장원, 동방 미장원, 명동 미장원, 아라모드 미용실, 센추리 미용실, 삼정 미장원, 루비 미장원, 마드모아젤 미장원, 파로마 미용실, 버그 미장원, 로렐 미용실, 베일 미용실, 명보 미용실, 샤넬 미용실, 화일 미용실 등 이름을 확인하기 어려운 2개의 미장원을 포함하여 약 18개 정도의 미장원이 있었다. 이외에도 명동에는 나포리 미용실[31]과 벨아미 미용실[32] 등이 있었다. 1960년대 초부터 스왕 미용실에서 미용사로 근무했던 김영남에 따르면, 윤희 미용실과 버그 미용실, 벨 미용실, 센추리 미용실 등이 유명했다고 한다.

명동 주변인 을지로와 종로에도 미용실이 꽤 많이 들어서 있었다. 동화 백화점 미용실[33]을 비롯하여, 뉴서울 미용실[34], 예림 미용실, 하리웃드 미장원[35], 신부 화장을 전문으로 하는 리라 미용원[36], 수잔나 미장원[37] 등이 있었다. 그리고 종로에는 세븐 미장원[38]과 화신 미용실[39], 신신 백화점 미용부[40] 등의 미용실이 명동의 일류 미

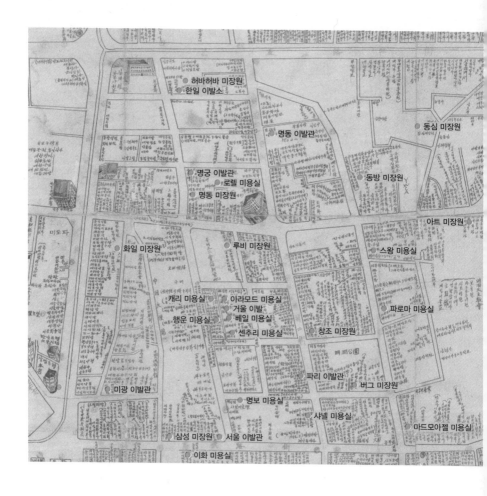

허바허바 미장원
한일 이발소
동심 미장원
명동 이발관
명궁 이발관
로렐 미용실
명동 미장원
동방 미장원
아트 미장원
미도파
루비 미장원
스왕 미용실
화일 미장원
캐리 미용실
아라모드 미용실
거울 이발
파로마 미용실
행운 미용실
베일 미용실
센추리 미용실
창조 미장원
파리 이발관
버그 미장원
미광 이발관
명보 미용실
샤넬 미용실
마드모아젤 미용실
삼성 미장원
서울 이발관
이화 미용실

이 · 미용실 분포도<sup>41</sup>

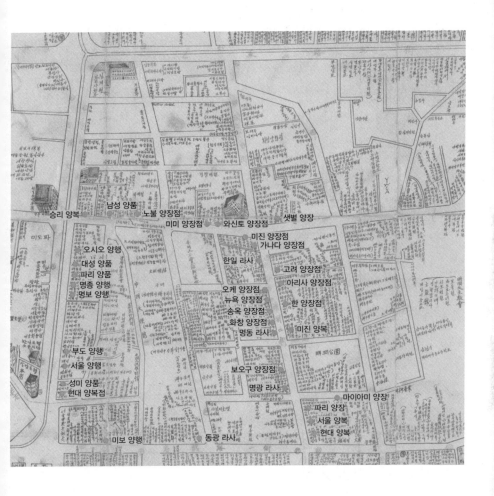

승리 양복     남성 양품     노벨 양장점     샛별 양장
미도파     미미 양장점     와신토 양장점
미진 양장점
가나다 양장점
오시오 양행     한일 라사
대성 양품     고려 양장점
파리 양품     아리사 양장점
명중 양행     오케 양장점
명보 양행     뉴욕 양장점     한 양장점
송옥 양장점
화창 양장점     미진 양복
명동 라사
부도 양행
서울 양행     보오구 양장점
성미 양품     명광 라사
현대 양복점     마이아미 양장
파리 양장
서울 양복
미보 양행     동광 라사     현대 양복

양복 · 양장점 분포노

장원과 더불어 유명하였다.

양장점은 중앙로와 명동길, 충무로, 남대문로 2가에 밀집되어 있는 데 반해, 미장원은 분산되어 있음을 알 수 있다. 또한 양장점의 수가 미장원의 수에 비해서 훨씬 더 많음을 확인할 수 있다. 양장점이 1960년대에 기하급수적으로 증가한 데 반해, 미장원의 증가 추이는 그리 크지 않았다.

미용실 역시 여성지에 광고를 게재하였다. 광고를 통해 미장원의 위치와 제공되는 서비스가 무엇인지 확인할 수 있으며, 명칭이 주로 영어인 것으로 보아 미국 문화가 여성의 외모와 관련된 소비문화에 깊숙이 영향을 미쳤음을 알 수 있다.

### 기술 교육 시설

양재 교육 시설을 살펴보면, 대한양복상공조합 연합회 부설로 설립된 서라벌 양재 전문학원[42]이 동화 백화점 바로 뒤편에 있었으며, 1959년에 국제 복장학원이 국제 양장사의 부설로 설립되었다.[43] 대원 호텔 뒤 5층 건물에 뉴스타일 양장점의 부설로 뉴스타일 양재학원이[44] 들어섰으며, 노라노 양재학원[45]이 충정로 2가에 위치하였다. 1962년경에는 서울 시내에 소재한 양재학원이 10개로 늘어났으며,[46] 1965년에는 15개로 늘어났다.[47]

양재 기술 교육은 학원에서 가르치는 것이 대부분이었지만, 미용 교육은 학원은 물론 고등기술학교에서도 이뤄졌다. 정화여자고등기술학교(교장 권정희)와 예림여자고등기술학교(교장 임형선)가 대표적인 기술학교였다. 정화여자고등기술학교[48]는 1952년에 부산에서 개교하여[49] 수복 뒤에 수도극장 근처인 중구 인현동 1가 141번지에 자리를 잡았으며, 이후 중구 회현동 1가에 교사를 늘렸다. 예림여자고등기술학교는 충무로 3가 86의 8번지에 위치하였다. 이밖에도 수도미용고등학교(교장 이복순)[50]와 서울미용기술학교[51] 등이 있었다. 미용학원으로는 현대미용고등기술학원이 을지로 입구 산업은행 뒤편에 있었다.[52] 1965년에는 서울 시내에 미용학원이 10여 개로 증가하였다.

양장과 미용은 물론 다른 종류의 여성 관련 기술을 가르치는 고등기술학교도 여러 곳이 있었다. 중구 을지로 4가 수도극장 뒤에 위치한 중앙고등기술학교(교장 한홍순)는 미용과와 타이프과를 개설하여 운영하였다.[53] 수도여자고등기술학교(교장 이명휘)는 제1교사가 종로구 남원동 117번지에, 제2교사는 용산구 갈원동 4의 84번지(미군 부대 근처)에 위치하였으며, 미용과에서 헤어·디자인과, 염색과, 세트·핀컬과, 매니큐어과 등을 개설하여 운영하였다.[54] 이 외에도 편물과 타이핑과 같은 기술을 가르치는 학원도 생겨났다. 기계자수는 널리 알려지지는 않았으나 판로가 넓어 유망한 부업으로 여겨졌다. 이 때문에 무궁화 고등기예학원, 미싱자수 기예학원 등이 생겨났다.[55]

해방 이후 본격적으로 설립되기 시작한 양재와 미용 기술 관련

양재 및 미용 교육 시설 광고

학원과 학교는 전쟁으로 문을 닫았다가 전후 명동 일대를 중심으로 새롭게 생겨났다. 명동에 양장점과 미장원이 증가하면서 양재사와 미용사에 대한 수요가 늘어났기 때문이다. 이로 인해 기술을 가르치는 교육 시설이 필요해졌다. 이렇게 명동은 여성들의 공간, 즉 성별화한 소비 공간으로 재편되었다. 이처럼 전후 명동을 중심으로 여성과 관련된 소비 공간이 등장할 수 있던 배경에는 한국전쟁 기간에 피난민이 대거 몰린 부산을 비롯한 대구에서 소비문화가 번성했던 요인이 있다. 여성들은 전쟁 중에도 양재와 미용 기술을 이용해 생계를 유지하고 돈을 벌었다. 그 경험은 전후 여성들이 기술을 통해 경제적 자립을 하거나 교육 시설을 운영하고자 하는 계기를 마련했다.

**여성,**
**명동을 만들다**

# 3  소비 공간이 생활 공간으로

## 매혹의 공간에 모인 사람들

전쟁으로 폐허가 된 도시에서 살아남은 사람들은 하루하루를 버텨내야만 했다. 이런 때 서울과 같은 대도시에서 소비는 살아가기 위해 절대적으로 필요한 것이자, 살아가고자 하는 욕망을 가장 단적으로 드러내는 행위였다. 그중에서도 백화점은 여성의 소비 양상을 단적으로 보여주는 상징적 공간이었다. 백화점은 새로운 상품을 소비 대상으로 내세워 호소함으로써 여성들에게는 '제2의 집'이 되었고 소비는 여성의 역할이 되었다.[1]

1955년 4월호 〈여성계〉에는 '부인과 가정생활에서 무시할 수 없는 존재가 된 서울의 백화점'이라는 제목으로 백화점을 두루 소개하는 기획 기사를 실었다. 그 첫 번째로 동화 백화점에서 여성들이 소비하는 모습을 다루었다. 충무로 입구에 위치한 동화 백화점은 1층에 화장품 매장이, 2층에 주단포목과 나사[2], 양복, 양장을 파는 매장과 미장원 등이 있었다. "각 대학의 졸업생들이 양장부에 몰려와 양복을 맞추면서 웅성거리고, 미장원 역시 고등학교의 졸업생 같은 여인들이 잔뜩" 있었다는 기사를 통해 20대 여성들 역시 적지 않게 출입하였음을 알 수 있다.

백화점의 다양한 매장 중에서도 미장원과 화장품부, 양장부가 여성의 소비를 보여주는 공간으로 등장하였다. 이는 여성의 소비가 외모를 가꾸는 것과 밀접하게 연관되어 있음을 의미한다. 특히 양장점과 미장원은 치장을 위해 소비를 하는 매혹의 공간이었다. 그러므로 일류 양장점과 미장원이 몰려 있던 명동은 여성들에게 특별한 공간일 수밖에 없었다.

### 양장점을 찾는 여성들

〈여원〉에서 연속으로 개최한 '직업여성 순례 좌담회'에서는 양장점에서 근무하는 이들의 이야기를 듣는 자리를 가졌다. 이 좌담회에는 송옥 양장점의 정진숙(26세)을 포함하여, 신세계 백화점 양장부의 김정숙(22세), 이사벨라 양장점의 손공자(24세), 사포 양장점의 이연옥(25세), 아당 양장점의 이변화(32세) 등 당시 일류 양장점에서 근무했던 20대에서 30대 직원 다섯 명이 참석하였다.

**사 회** 가게에 오시는 손님들은 어떠세요?

**이연옥** 집집마다 다른데요. 저희는 대개 학생들, 중년 부인, 직장 여성…… 고정되어 있어요. 그 외에 밤 직장을 가졌다든가 그런 여자들이 가는 데는 따로 있거든요.

**정진숙** 저희도 역시 학생과 중년 부인, 직장 여성이 많고 밤 직장을 가진 여성은 대부분 피하지요. (…)

**사  회**  손님들이 먼저 고르는 것은 색깔인가요 매터리얼이나 디자인인가요?

**정진숙**  손님에 따라 여러 가지인데요. 대부분 감을 먼저 택하고 디자인을 그 손님 체격과 감색깔에 맞추어 택하는 것이 순서예요. (…)

**손공자**  저희는 주로 대학생…… 지성인들을 상대하니가 좀 깨끗하고 대부분 옷이 잘 어울려요.

**사  회**  여대생들은 어떤 모양의 옷을 좋아해요?

**손공자**  요지음은 부레자 스츠블레이저 슈트를 좋아하죠. 불란서에서 많이 입는 것같이 수수한 중에 울어나는 멋을 좋아하지요. 색깔의 제한을 받지 않고 다양하지요. (…) 우리나라에서는 옷을 해 입고 갈 데가 적어서 학교에 많이 입고 가는 것 같아요.

**이연옥**  직장 여성들은 보너스 때에 찾아오지요. 또 저금해서 올 때도 있는데요. 월부는 없어요.

**정진숙**  자기가 옷을 입어야 할 때는 계도하는 것 같아요.

**사  회**  단골손님은 한 해 몇 벌쯤 옷을 해 가는 셈인가요?

**정진숙**  정말 부유층에서는 한 달에도 몇 벌씩 해 가니까 어떻게 말할 수 없군요. 직장에 있는 분은 철따라 한 벌씩 해 가는 정도지요.

1967년 6월 〈여원〉

「직장 여성 유람 좌담회 : 양장점 종업원, 마네킹과 함께 사는 세계」

당시 양장점을 찾는 고객은 여학생과 중년 부인 혹은 기혼 여성, 직장 여성이다. 직장 여성들은 보너스를 받아 양장점을 찾는 경우가 많았는데, 계절마다 한 벌씩 옷을 주문했다. 여성들은 혼자 오기도 했지만, 주로 친구나 연인, 남편과 함께 방문하였다.

한편 좌담회에 참석한 여성들은 카페나 댄스홀, 카바레 등에서 근무하는 여성들, 즉 "밤 직장"을 다니는 여성이 오지 않는 고급 양장점임을 강조하였다. 그러나 실제로 1950년대에는 양장점의 고객으로는 '양공주'가 가장 많았으며, 유명 배우나 가수와 같은 연예인, 고위층 부인들이 있었다. 이들은 1950년대의 패션 리더로서 양장 패션을 소비하고 전파하는 역할을 담당하였다.[3] 양장을 입고 다니는 여성들 가운데 미군을 상대하는 이들이 많았으므로 여성들 사이의 구별 짓기가 이뤄지고 있음을 알 수 있다. 전쟁은 끝났지만 미군이 주둔하고 있어서, 양공주라 불리는 직업여성들이 상당수 존재하였다. 작가 박완서는 이들이 대부분 양장을 입고 다녔기 때문에, 당시 사람들은 양장에 입술만 칠해도 양공주로 보는 경향이 있었다고 전한다. 한복 착용은 여염집 여자라는 표시로 통할 정도였다.[4] 1950년대 후반에 형성된 사회의 특정한 인식 때문에 양장을 하는 여성들 사이에서도 이와 같은 구별 짓기가 시도되었다.

반면, 양장점의 직원들은 여대생을 '지성인'으로 여겼다. "고객들이 깨끗하고 대부분 옷이 잘 어울려요"라는 표현에서처럼, 이들은 여대생을 양장점에 오는 중요한 고객이자, 특별한 신분을 지닌 여성으로 여겼다. 이들은 제한 없이 자유롭게 색상을 선택하며, 누구보다 유행에 민감하고 과감한 시도를 하였다. 당시 여대생들은 새로운 유행을 가장 빨리 받아들이고 이를 구체적인 소비 행위로 실천할 수 있는 존재였다. 여대생은 1950년대 신문소설의 주인공으로 자주 등장하였는데, 여대생이라는 기호 자체만으로도 선망의 기의 記意를 충분히 환기했으며 전후 새로운 세대의 변화된 의식과 행동양식을 반영하기에 적절한 인물군이었기 때문이다.[5] 한편 여대생들은 여성지의 화보 모델로도 자주 등장했다.[6] 그러나 이들이 새로만든 옷을 입고 가는 곳은 주로 학교로 제한적이었다.

흥미로운 사실은 당시 몇몇 여성은 양장점만이 아니라 양복점에서도 옷을 맞춰 입었다는 점이다. 이들은 남자 양복과 똑같이 맞춰 입었다.

**진기홍** 여자들도 있었다고. 여자들도 와서 양복하고 똑같이 맞춰 입었어요. 줄무늬, 줄무늬 이게 남자랑 반대잖아. 근데 그것도 남자식으로 그대로 해달래. (그걸 자기가 입는 거예요?) 그렇지. 근데 여자들 체형이 좀 다르잖아, 남자들하고. 그 곡선 저기 가슴 부분는 여자 저기로 하되, 전체적인 디자인은 남자식으로 해달래. 많아. 젊은 여자들도 있고 부유층 여자들도 있고.(웃음) 나름대로들 취향이니까. 사실 여자 체형을 재려면 그렇잖아. 근데 그걸 이상하게, 껄끄럽게 여기면 안 돼. 맞추는 사람은 그러려니 받아들이고. (지금은) 상상도 못하지. 이런 것들.

이처럼 남성 양복 기술자가 여성의 치수를 재느라 진땀 흘리는 풍경이 등장하게 된 데에는 다음과 같은 이유를 생각해볼 수 있다. 전후 한국 사회에서 여성 국극이 상당한 인기를 끌었는데, '남성적인' 여성들이 여성 관객이나 여자 역할을 하는 배우들 중에서 여성 파트너, 즉 애인을 만나려는 목적으로 분장실이나 극장을 찾았다고 한다.[7] 아마도 이 '남성적인' 여성들이 양복을 맞춰 입고, 양복 차림으로 서울 시내를 다녔을 것으로 보인다.

### 미용실을 찾는 여성들

머리를 매만지기 위해 미용실을 드나드는 여성의 수도 꾸준히 증가하였다. 1968년 4월 2일자 〈매일경제신문〉에서는 '미용 소비 성향조사'에 대한 결과를 실었다. 여론조사에 참여한 여성 가운데 중·고등학교를 졸업한 30~40대의 가정주부가 53퍼센트를 차지하였다. 미장원 출입 횟수에 대한 질문에 43퍼센트의 여성이 1주일에 1회, 40퍼센트의 여성이 2주일에 1회씩 미장원을 이용한다고 응

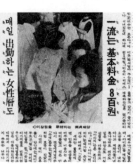

답하였다. 또 응답자 중 80퍼센트가 넘는 여성이 적어도 2주일에 한 번씩은 미용실을 이용한다고 대답하였다. 그때만 해도 집에서 머리를 관리할 만한 여건이 마련되지 않았기 때문에 당시 여성들은 미용실을 자주 이용할 수밖에 없었다. 목욕 시설을 갖춘 집이 흔치 않던 시절이다. 여성들은 미

용실에서 머리를 만지지 않으면 외출을 할 수 없어서 행사나 계모
임에 갈 때면 미용실로 향했다.

> **김영남** 스왕 미용실의 간판은 굉장히 컸어요. 그래서 지나가는 손님
> 이 보고 찾아오기에 좋았지요. 손님은 주로 정치인 부인, 장관 부인, 잘
> 사는 사업가의 부인, 직업여성…… 예를 들어 신세계 동화 나이트클럽
> 의 댄서, '하이클래스' 등 상당히 멋쟁이고 명동에서 의상실을 다니
> 는 사람들이었어요. 모양이 깨끗하고 멋있는 사람이라는 걸 느낄 수
> 있었어요. 당시만 해도 일주일에 머리를 한 번 감을까 말까 한 시절이
> 죠. 그리고 그때는 대부분이 고데였어요. 파마나 커트는 별로 없던 시
> 절이에요. 파마와 커트가 아직 유행하기 전이라고 봐요. 지금은 주로
> 파마와 커트이지만. 그 당시만 해도 집에서 머리를 관리할 만한 여건이
> 전혀 마련되어 있지 않았죠. 목욕탕도 제대로 없던 시절이니까. (…) 고
> 객 중에는 은행 직원들, 다방 주인들이 많이 왔어요. 머리도 안 감고 와
> 서 머리를 만져달라는 경우가 많았어요. 주부들의 경우는 주로 행사나
> 모임에 갈 때 머리를 만지러 와요. 머리를 만지지 않으면 해결이 안 되었
> 기 때문에, 외출을 할 경우에는 미용실에 올 수밖에 없어요. 지금에 비
> 해서 오히려 미장원에 대한 의존도가 높았던 시절입니다.

1960년대에 스왕 미용실에서 미용사로 근무했던 김영남에 따르
면, 미장원을 드나들던 여성들로는 정치인이나 장관의 부인, 사업

가의 부인, 직업여성, 은행원, 댄서, 다방 주인들이 많았다고 한다. 이들은 파마나 커트보다는 주로 고데를 하였다. 고데는 이틀 정도 지나면 중간 손질을 다시 하여 그 스타일을 유지해야 했다.[8] 주부들 사이에서는 일주일에 한 번씩 미용실에서 머리 손질하는 것이 관례화되어 있어서, 지금의 여성들보다 미용실을 찾는 횟수가 훨씬 더 많았다.[9] 위생 및 관리를 위해서는 미장원에 대한 의존도가 오늘날보다 높을 수밖에 없었다. 다음의 기사는 1960년대와 1970년대에 윤정희, 문희와 함께 '트로이카'를 형성하면서 최고의 인기를 누렸던 배우 남정임이 명동의 미용실을 취재한 것이다.

미장원 치맛바람

소위 일류 미용실은 교통이 편하고 쉽게 찾아갈 수 있는 도심지에 있어 그것만으로도 2, 3류 미장원과는 차이가 있었다. 충무로, 종로 등 도심에 있는 미용실에서는 프로판가스로 아이론을 덥힌다. 전기곤로로 덥히는 곳도 있다고 하지만 전기보다는 프로판가스를 더 많이 쓰고 있다. 2, 3류의 미용실에 들어서면 흔히 꺼치기 마련인 연탄 냄새가 없다. 수퍼바이저 격인 마담은 병아리 여배우 1일 기자인 나에게 바쁜 틈에도 미소로 응대하는 친절을 베풀어주었다. 한 달의 첫째와 셋째 공일만을 빼놓고는 하루 종일 손님을 대하는 서비스 직장의 마담답다. 이런 종류의 다른 접객업소보다 친절한 이유를 생각해본다. 팁이라는 제도가 있기 때문이 아닐까 생각한다. (…) 3류 미용실은 파마, 아이론,

여성, 명동을 만들다

세트, 매니큐어, 마사지 중에 잦은 손님은 그저 파마와 아이론 손님들이다. 일류는 물론 이류까지도 미용사가 다뤄야 하는 일은 훨씬 많다. 미용사들이 바라는 것이 많지만 그중에도 가장 절실한 것은 '시간 약속제'다. 손님들이 미리 시간 약속을 해놓고 갑자기 들이닥쳐 재촉하는 일은 없기를 바라는 것이다. 바쁜 날은 미용사가 아침 식사를 저녁 6시에 드는 수도 있다. 그래서 위장이 좋은 미용사가 거의 없다는 것. (…) 고운 화장과 꽃잎 같은 머리 뒤에는 이런 정경이 있구나 하고 '아마추어' 기자의 마음은 조금 아팠다.

　　　1966년 4월 5일 〈경향신문〉 「1일 기자 리포트INK, 영화배우 남정임 양」

　　당시 일류 미용실은 교통이 편하여 쉽게 찾아갈 수 있는 도심지에 위치했고, 전기난로나 연탄 대신 프로판가스로 '아이론' 즉 고데기를 달구었다. 또 팁이라는 제도가 있었으며, 고데, 세트, 매니큐어, 마사지 등 손님들이 다양한 서비스를 찾기 때문에 미용사들은 다양한 기술을 연마해야만 했다. 또한 일류 미용실에서 한 명의 미용사가 하루에 맞는 손님은 대개 30명이며, 공휴일이나 명절을 앞두고는 하루 50~60명도 치렀다. 매일 출근하듯 찾는 고객은 대개 여배우, 모델, 댄서, 바걸 등 특수 직장 여성들이었다. 여성들의 사회 참여가 많아지면서 특수층과 부유층이 주고객이던 미용실은 대중화되었으며, 미용이 생활의 일부로 인식되며 일반 여성 고객이 많이 늘어났다.[10]

엄앵란과 노라노. 〈여원〉 1957년 7월호

## 그리고 여배우들

1950년대와 1960년대에 양장점과 미장원을 이용하던 고객 중에는 여배우가 많았다. 직업상 외모를 관리하는 것이 필요했기 때문이다. 최경자가 운영했던 국제 양장사는 유명 배우와 가수들의 단골집이었다. 나애심, 김시스터즈, 윤인자, 안나영 등 스타들이 최경자를 찾았다.[11] 이들은 일상복은 물론, 공연이나 영화에서 필요로 하는 의상과 행사 때 입을 의상을 마련하기 위해 양장점을 자주 드나들 수밖에 없었다. 이렇게 여배우와 디자이너는 서로 필요한 관계였기 때문에 자연스럽게 가까워질 수 있었다. 디자이너로 이름을 날렸던 노라노와 엄앵란이 대표적인 예다.

앵란이가 처음으로 영화계에 데뷔하면서부터 나와 콤비가 된 것으로 기억한다. 콤비라기에는 좀 우스운 것이고 그저 내가 앵란이를 무척 좋아했던 것이고 물론 지금도 상당히 가깝다. 남처럼 잘난 체하지 않고 그 꾸밈 없는 마음이 좋았다. 갸름하면서도 소녀티가 뚝뚝 흐르는 인상과 매끈한 몸매도 역시 좋았다. 앵란이가 금년 봄에 동남아영화제에 참석차 동경으로 갈 때에는 나의 온 정력을 앵란이의 의상에 쏟았었다. 그래서인지 그도 나를 무척 따르는 모양이고 나의 디자인을 발표할 때에는 그가 모든 것을 희생해가며 모델이 되어주는 것이다.

1960년 10월 〈여원〉 「콤비 직업의 아베크」(노라노)

노라노는 학사 출신의 엘리트 배우로 인기를 끌던 엄앵란과 가까워져 엄앵란의 영화제 의상을 정성을 다해 만들었으며 엄앵란 역시 기꺼이 노라노의 패션쇼에서 모델이 되어주었다. 기사와 함께 실린 노라노와 엄앵란의 사진은 벽에 옷감이 걸려 있고 노라노가 목에 줄자를 걸고 있는 것으로 미루어 노라노가 운영하는 양장점인 것으로 보인다.

여배우들은 미용실에도 자주 들렀다. 직업상 피부 관리와 화장, 행사 때 입는 의상에 어울리는 헤어스타일을 갖출 필요가 있었다. 김영남은 여배우들이 가장 많이 드나들던 미용실은 윤희 미용실이었으며, 엄앵란은 자신이 근무하던 스왕 미용실의 단골이었다고 전한다. 엄앵란은 항상 발랄하고 씩씩하였으며, 인사도 잘하고 싹싹한 성격 때문에 누구나 다 좋아했다고 기억했다.

그렇다고 여배우들이 아름답게 보이기 위해서만 미용실을 찾는 것은 아니었다. 분장 기술이 제대로 발달되지 않았던 그 시절에, 명동의 미장원은 분장을 해주는 곳이었다. 버그 미용실의 원장 정온순은 1955년경부터 김지미, 주증녀, 황정순, 최지희, 김아미, 손미희 등의 분장을 전담하였다. 사다 미용실은 최은희와 도금봉을, 스왕 미용실은 엄앵란을, 유니 미장원은 방성자의 분장을 맡았다.[12]

유명 여배우들이 양장을 맞추거나 머리나 화장을 하러 명동을 드나들던 점 역시 명동이 여성에게 소비 공간으로 주목받게 된 데 큰 요인이 되었다. 사람들의 시선을 한눈에 받던 여배우가 명동의

양장점과 미장원을 드나드는 것만으로도 여성들의 호기심과 궁금
증을 불러일으키기에 충분하였다.

### 새로운 자신을 표현하는 무대

유행이 끊임없이 밀려오는 가운데, 명동의 양장점과 미장원을 다
니면서 외양을 가꾸고 소비하는 것은 여성들에게 어떤 의미였을
까? 여성들은 양장점과 미장원에서 새로운 디자인의 옷을 맞춰 입
고 새로운 헤어스타일을 추구함으로써, 이전과는 다른 자신을 만
들어나갔다. 이러한 경험은 여성들에게 새로운 희열을 만끽하는 기
회로 작용하였다. 명동 거리는 새로운 모습을 추구하는 이들에게
자신을 드러내고 표현하는 일종의 무대와도 같았다.

**김숙년** 친구들이랑 명동으로 나가는 거야. 명동을 나가면 그건 최
고의 하이클래스지. 배우들도 많고. 명동 거리는 새로운 문화가 도입
이 돼가지고, 전부 양장을 맞춰서 해 입었어요. 정싸롱을 간다, 송옥
양장점을 간다, 내가 댕겼던(다녔던) 데가 송옥 양장이야. 무슨 미장
원 해가지고 면도칼로 머리를 착착 커트를 해요. 명동을 가면 말쑥하
게 아주 서양 여자가 돼서 나오는 거야. 머플러, 멋있는 거 머리에다 매
고 다녔어, 그때는. 그 담에 하이힐 신지. 양산도 들었고. 그게 신식이
에요. 그리고 또 눈이 안 나쁜데도 선글라스도 좀 쓰고, 그게 멋쟁이였
어. 그러고 미도파가 그땐 화신 백화점 다음엔 미도파, 최고지. 미도파

에 그땐 나일론 스타킹이 없었어. '로양 스타킹'이라고 해가지고 전부 수입품이죠. 이대생들은 그거 딱 신으면 벌써, 양말 벗어보면 이대야. 한복은 비로도 치마 입으면 최고고. 깨끼적삼 입으면 최고고.[13]

1934년생인 김숙년은 피난 시절 부산에서 동덕여고를 다녔으며, 서울 수복 후에는 고등학교를 마치고 이화여대 가정과에 다녔다. 1957년부터 성신여고에서 서예 교사로 근무한 그녀는 명동에 가서 양장을 맞춰 입고 최신 유행의 헤어스타일을 하며 "최고의 하이클래스" 혹은 "멋쟁이"가 되었다. 그녀에게 명동은 남들이 접하지 못하는 새로운 문화를 일찍부터 체험하고 체현할 수 있는 공간이었다. 그녀에게 명동은 새로운 정체성을 형성하는 공간이었다.

명동에 위치한 무역 회사인 한양 공업사의 경리부에서 1950년대 중반부터 회계 보조로 근무한 안경숙은 인생의 전성기를 이야기를 할 때 명동을 빼놓지 않는다. 1930년생인 안경숙은 이화여고를 졸업한 후, 피난지 부산에서 처음 직장 생활을 시작하여 환도 이후에 줄곧 명동에서 일하였다. 아침 출근 전에 명동에 위치한 미장원에 들러 머리를 손질하고 명동의 양장점에서 자신이 원하는 디자인의 양장을 맞춰 입었다. 직장 생활을 하는 안경숙에게는 양장점과 미장원을 드나들며 소비하고 외모를 관리하는 것이 자연스럽고 당연한 일이었다.

여성, 명동을 만들다

**안경숙** 그때 생각하면 명동 거리를 어떻게 왔다 갔다 했을까. 그때가 참 좋았어, 좋았어요. 그때는 정말 하늘에 날아가는 새도 잡을 수 있다는 그런 기분으로 살았어. (…) (그 당시에 멋을 많이 냈다고 하셨는데, 외모에 당당한 것에나 외모를 가꾸는 데 심리적인 영향을 미쳤을까요?) 남의 눈에 띄게 뭐 그러지는 않았어요. 근데, 나로서는 아무튼 내 형편에 최선을 다해서, 멋도 부려보고 싶고 그랬어요. 그걸 내가 이뤄봤으니까 나중에도 뭐든지 (…) 내가 생각하고 노력하면 된다 하는 자신감이 생기더라구요.

자신에게 스스로 관심과 애정을 쏟으며 경제적인 형편에 맞게 외모를 가꾸었던 경험은 그녀에게 무엇이든지 할 수 있고, 또 노력하면 된다는 강한 자신감을 안겨주었다.


### 유혹하는 잡지와 친근해진 명동 패션

1950년대에 발간되기 시작한 여성지로는 〈여성계〉〈여원〉〈여상〉〈주부생활〉 등이 있다. 이들 잡지는 직장인, 주부, 학생 등 여성들에게 실생활에 필요한 다양한 정보를 제공해주면서 동시에 여성 고유의 문화와 유행을 선도하는 역할을 하였다. 특히 미용에 관한 내용으로 피부 기초 손질법과 마사지, 때와 장소에 알맞은 화장법 등이 실렸다.[14] 한편, 전쟁이 끝난 뒤 미국으로부터 경제 원조를 받

「거리의 여성들」〈여원〉 1957년 11월호

**왼쪽 위** "가을 바람에 이러한 투피스는 보기 좋으나 양산은 양장에 어울리지 않는다."
**왼쪽 아래** "여학생의 모습으로 걸음걸이가 낙제."
**오른쪽 위** "주니어 스타일로서 잠시 외출하는 옷차림인데 스커트 기장이 너무 길다."
**오른쪽 아래** "키가 작은 분에게 이색色異 '보래로'는 더욱 키가 작아 보인다."

으면서 미제 물품이 쏟아져 들어오자 여성지는 미국 문화로 대변되는 서구 문화를 소개하는 중요한 장으로서 기능하였다. 여성지는 소비문화에 관한 담론을 형성했으며, 그것은 서울의 명동을 배경으로 구체화되었다.

### 타인의 시선, 전문가의 평가

여성들의 거리 패션에 관한 평가가 여성지에 실렸다. 이러한 글은 여성들이 외모에 관심을 품도록 자극하였으며, 소비라는 구체적인 실천을 하도록 만들었다. 처음에는 촌평의 주체가 누구인지 밝히지 않았으나, 이후 양장계의 전문가를 초빙하여 본격적으로 여성의 옷차림을 평가하였다. 명동의 일류 양장점인 국제 양장사를 운영하던 최경자가 처음으로 맡았다. 그녀는 여성들의 뒷모습을 찍은 사진을 놓고 복장이 세련되었는지, 유행에는 맞는지, 그 여성과는 잘 어울리는지 의견을 제시하였다. 또 여성들이 입은 옷의 스타일이 무엇인지에 대한 설명도 덧붙였다.

1959년 1월 〈여원〉에서 최경자는 "'박씨'하고도 긴 듯한 쟈켙을 가진 투피스 스타일이 오바코트를 입은 것보다 한층 경쾌하고 씩씩해 보인다. 젊은이는 따뜻한 겨울에 한번 입어볼 만한 스타일이다"라거나 "스커트와의 조화를 맞추기 위해 같은 옷감으로 만든 것은 세련된 느낌을 준다"라고 평가하였다. 또 "첵크칼라의 좁은 슬락스에 칠부 코트를 입은 쥬니아 스타일이 잘 어울리고, 벨트를 매

「바야흐로 쇼트 시대!」〈여원〉 1966년 8월호

"옷과 핸드백이 잘 어울려 만점에 가깝다. 더욱이 소매 없는 블라우스에 스웨터를
팔에 걸친 폼이 세심한 주의력의 소유자임을 보여주어 호감이 간다.
여름일지라도 낮과 조석으론 기온 차이가 심하니까."

**왼쪽 위** "먼저 눈길을 이끄는 것이 그녀의 걸음걸이. 가슴을 펴고 활달하게
걷는 모습이 무척 '챠밍'하다. 옷의 디자인과 구두와 백을 든 모양 또한 잘 매치되어
청량제를 마신 듯 시원하다."
**왼쪽 아래** "짧은 스커트를 입었을 때 무릎 위에 지나치게 신경을 쓰면 도리어……."
**오른쪽** "우리나라에서는 노소를 막론하고 한결같이 스커트는 세미 타이트.
젊은 층은 그보다 개성적이면서 여유 있는 프리스라인을 이용하면 어떨까?
사진은 20대의 여성 치고 힙라인이 노출되어 과히 아름답지 못하다."

고 경쾌한 걸음걸이에 머리도 치켜 매어 잘 조화를 이루었다"라며 호평하기도 한다. 그러나 "옆의 분은 학생 차림인 듯한데 힙프가 큰 데다 옷이 너무 타이트하여 좀 나긋한 옷을 입었더라면 좋았을 것"[15]이라며 적나라한 해설을 덧붙인다. 이 기사를 읽은 독자들은 자신의 뒤태나 옷차림에 자기도 모르게 신경 쓰게 되었을 것이다.

1962년 9월 〈여원〉에 실린 최경자의 촌평은 이전에 비해 더 노골적이다. "완전히 품위를 잊어버린 옷이다. 지나칠 정도의 노출도 자기의 체격을 봐서 해야 할 텐데, 이 옷의 노출은 체격의 결점을 만천하에 공개하는 것이 되고 말았다"[16]라고 지적한다. 당사자가 이런 촌평을 보았다면 꽤나 충격적이었을 것이다. 해가 갈수록 여성들의 옷차림에 대한 디자이너의 평가는 더욱 신랄해진다. 또 초기에는 뒷모습을 몰래 촬영하여 보여주는 수준이었지만 옆모습이나 앞모습을 과감하게 촬영하기 시작했다. 여성들의 거리 패션에 대한 촌평과 사진은 1960년대 후반까지 계속되었다.

1966년 8월 〈여원〉에 실린 사진들 중에는 거리를 걷는 여성만이 아니라 벤치에 앉은 여성, 버스를 타는 여성도 보인다. 다양한 여성의 모습을 찍어 그 옷차림에 관한 평을 할 만큼 사회적으로 이러한 기사가 용인되고 자연스럽게 받아들여진 것이다. 여성들은 카메라에 찍히는 것을 별로 개의치 않았다. 공적 공간에 선 여성들은 일상적으로 노출되는 타인의 시선에 자신을 드러내었다.

### 유행의 선두 주자들을 만나다

여성지의 화보는 최신 유행을 이미지로 보여준다는 점에서 독자들의 많은 관심을 끌었다. 여성 독자들은 모델이 입은 새로운 디자인의 양장 혹은 마음에 드는 헤어스타일을 오려 가서 그대로 해달라고 부탁하였다. 화보 촬영에 나선 모델들은 각 분야에서 당시 여성들로부터 관심을 한 몸에 받던 인물들이었기 때문에, 이들은 자연스럽게 유행을 선도하는 역할을 맡게 되었다. 패션 모드난을 기획하여 1955년 11월호 〈여원〉에 최초로 여성 의상의 사진과 해설이 있는 패션 모드 화보가 실렸다.[17]

노경희, 최은희와 같은 영화배우를 비롯하여 가수, 무용가 등 다양한 여성들이 화보에 등장했다. 1950년대 중반 여성 국극이 한창 인기를 끌 때에는 국극 배우들도 모델로 등장하였다. 1956년 2월 〈여원〉에는 명동에서 한 양장점을 운영하는 한동석이 만든 옷을 국극 배우 김경애가 입고 포즈를 취한 사진이 등장하였다. 1956년 3월호 〈여원〉 화보에는 새봄에 유행할 새로운 디자인의 모자를 영화배우 안나영이 쓰고 촬영했는데, 이 모자는 최경자가 운영하는 국제 양장사에서 제작된 것이다. 또 '겨울의 모오드'란 제목으로 인기 배우였던 백성희와 문정숙이 화보를 촬영하였다. 이 화보의 촬영 장소는 윤현경이 운영하는 명동의 뷔그 양장점이다. 양장과 더불어 새로운 헤어스타일 역시 화보를 통해 선보였다. 1956년 2월 〈여원〉에는 여배우 윤인자가 모델을 담당하였다. 충무로에서 뉴

「겨울의 모오드」〈여원〉 1957년 11월호

서울 미장원을 운영하던 임형선 원장이 헤어스타일 담당했다. 또 1967년 9월 〈여원〉에 실린 「9월, 푸른 하늘 밑의 헤어 모오드」라는 기사에는 파티에 초대받았을 때, 사무실에서, 데이트 나갈 때에 따라 어떤 헤어스타일이 어울리는지 소개하고 있다. 윤희 미용실, 조희 미용실, 루비 미용실 등 이 기사에 참여한 미용실은 모두 명동에 위치했다. 화보에 실린 화려하고 아름다운 모델들의 모습은 여성 독자들에게 하나의 기준점이 되었으며, 외모에 관심을 두고 지속적으로 관리를 하도록 만드는 강력한 기제가 되었을 것이다.

새로운 유행에 대한 소개는 화보로 그치지 않았다. 여성지를 비롯하여 신문 등 매체에는 최신 유행을 소개하는 수많은 기사들이 실렸다. 1962년 1월 17일자 〈동아일보〉 기사에는 "올겨울에는 모피가 유행할 것"이라고 소개하고 있으며,[18] 1962년 2월 21일자에서는 다가오는 봄에는 프린세스라인의 스커트가 유행할 것이라고 보도하고 있다.[19] 대중매체가 확산되며 이를 통해 프랑스와 미국 등 서구에서 인기 있는 스타일이 빠르게 서울의 명동으로 유입되었다. 새로운 유행이 여성들 사이에서 인기를 끌고, 또 다른 유행이 새로이 들어와서 인기를 끄는 과정은 멈출 줄 몰랐다.

1950년대에는 여성지와 같은 대중매체의 활성화가 패션에 관심을 불러모으는 계기가 되었으며, 각 가정에서 의복을 제작하고 의생활을 계획하는 데에도 실질적인 도움을 주었다. 아울러 여성의 양장화를 촉진하였다.[20] 그리고 1960년대가 되면 신문과 잡지는 물론, 텔레비전 방송을 통해서도 최신 유행이 빠르게 소개되었다. 1961년 서울TV(KBS)가 개국하였으며, 1964년에는 TBC, 1969년에는 MBC가 개국하여 유행에 대한 관심을 더욱 부채질했다.[21]

한편 미군의 주둔과 미국 영화의 유입도 최신 유행이 빠르게 퍼지는 데 중요한 역할을 하였다. 1950년대는 미국 영화에 등장한 여배우가 유행의 출발점이었다고 해도 과언이 아니다. 당시 미국의 여배우들은 헤어스타일과 패션의 유행을 몰고 왔으며, 외양의 서구화 담론을 주도했다.[22] 〈로마의 휴일〉(1955년)이 개봉하면서 여주인공 오드리 헵번의 의상인 플레어스커트와 짧은 단발, 보이시한 커트는 엄청난 유행을 이끌었다. 〈사브리나〉(1954년)에서 오드리 헵번이 입은 맘보바지도 대유행을 하였다. 맘보바지는 엉덩이 부분은  몸에 맞고 발목 밑 쪽으로 내려갈수록 좁아지는데, 양장점에서 통이 넓은 바지를 줄여서 입는 여성들도 많았다.[23] 또 영화 〈슬픔이여 안녕〉에서 주연을 했던 진 세버그의 짧은 커트 스타일이 젊은 여성들 사이에서 유행을 했다. 이 밖에도 1956년에 흥행한 한국 영화 〈자유부인〉에서 여자 주인공이 입은 벨벳 소재가 큰 인기를 얻었다. 그리고 유똥[24] 블라우스와 드레스, 모자 달린 플레어 코트, 자루 형태의 색 드레스 등이 유행했다.[25] 가을부터 이른 봄까지 지낼 수 있는 오버코트는 경제적으로 어려웠던 시기에 모든 여성에게 필수적인 유행 품목이었다.[26] 1960년대 후반에는 미니스커

世紀의 妖女
오드리·헵번

여성, 명동을 만들다

트 열풍이 불었으며, 1968년에는 판탈롱[27]이 대유행하였다.

헤어스타일의 경우, 1950년대 후반 콜드파마액의 개발로 불파마에서 콜드파마로 파마 방식이 바뀌었다. 하지만 여전히 고데가 유행하던 때였으므로 사람들의 헤어스타일에는 별 차이가 없었다. 1960년대에는 다양한 종류의 커트 스타일이 등장했다. 파운데이션을 사용하기 시작했으며, 눈 화장을 강조하기 위해 아이라이너, 아이 펜슬, 마스카라로 눈의 윤곽을 크고 뚜렷하게 하는 것이 유행하였다.[28]

### 양장 입는 법 : "유행은 따르되 개성은 살려야"

여성지와 신문은 유행을 소개하며 양장이라는 새로운 형태의 옷을 어떻게 입어야 하는지, 여기에 어울리는 화장과 헤어스타일은 무엇인지 안내하였다. 자신의 직업, 연령, 임신 여부 등의 상황을 고려하여 선택할 필요가 있다는 것이다. 처음 양장을 입는 여성들은 요령을 알아야 하며, 특별한 주의가 필요하다는 기사가 자주 등장한다. 색감이나 스타일, 액세서리 등을 어떻게 할 것인지, 시간대와 용도에 따라서도 달리 선택할 것을 권하였다. 맵시를 내기 위한 여러 종류의 속옷도 소개되었다.

1956년 3월 18일자 〈동아일보〉에서는 직장을 다니는 여성들이 자신의 직업에 맞는 옷을 입도록 제안했다. 최만실(춘추 양재 전문학원 원장)은 「직장을 가진 여성을 위한 디자인」이라는 글에서, 오

랜 시간 동안 서서 일하는 여성은 치마가 기계에 말려 들어가지 않도록 바지나 오버올을 입어야 하며, 여기에는 반드시 주머니가 달려 있어야 한다고 말한다. 은행과 같은 사무실에서 근무하는 여성의 사무복은 앞뒤 몸판에 주름을 주고 소매 둘레를 넉넉히 하여 일하기 편하도록 여유 있게 만들어야 하며, 미용사와 약제사는 손님에게 상쾌한 기분을 주도록 희고 잘 다린 옷을 입고 머리빗이나 전표를 넣을 수 있는 커다란 주머니를 달 것을 제안하였다.

또 최만실 원장은 다른 기사에서 이전에 비해 양장을 입는 여성의 수가 상당히 많아졌는데, 가슴과 등이 지나치게 노출된 옷을 삼가도록 하며 '나이롱'이라는 새로운 옷감으로 만들어진 옷은 속옷을 제대로 입고 착용할 것을 권하고 있다.

올여름에는 양장 여성들이 무척 많아졌다. 명동 거리의 인파 속을 헤엄치듯 걸어나오는 여성들의 대부분이 양장하고 있다고 해도 과언이 아닐 정도로 많아졌다. 이것은 한복에 비해서 비교적 경제적이며 거치장스럽지 않다는 때문이라는 것보다도 결국 어찌할 수 없는 시대의 유행에 따른 현상이리라. (…) 한 가지 눈에 많이 뜨이는 것은 타운드레스(가의)로서의 원피이쓰, 드레쓰나 부라우쓰 중에 가슴과 등을 지나치게 노출시킨 데자잉, 심지어는 보는 사람으로 하여금 속치마와

여성, 명동을 만들다

같은 감의 원피스를 용감하게 착용하고 있는 여성들이 의외로 많았다는 것이다. 이러한 복장은 주로 가정복으로서나 혹은 해수욕장에서나 피서지에서 입을 수 있는 리저어트 웨어(피서복)에 속하는 것이 아닐까. 여성들이 복장례의를 지켜야 할 수도 한복판의 타운드레쓰로서는 삼가하여야 할 스타일이 아닌가 생각한다. 끝으로 나이롱에 대한 문제인데 육체가 빈약하거나 피부가 곱지 못한 사람이 입었을 때는 그 추한 모양을 폭로하게 되니 말할 것도 없거니와 한편 육체가 좋은 사람에게 있어서도 그 육체를 남에게 자랑하고 싶어하는 듯한 감을 주어 야비스럽게 느껴질 때가 많다. 어찌하였던 지나치게 투명한 나이롱은 속옷을 착용하는 데서도 삼가야 할 것이며 특히 육체를 개방하는 양복과 다른 한복에 있어서는 더욱 자기는 옷을 입었다고 하여도 다른 사람의 눈으로는 옷 속에 비치는 육체 그대로의 선을 보게 한다는 점을 항상 생각하며 착용해야 하겠다. 이런 것들은 외관상 내가 보고 느낀 올여름의 숨김없는 감상이다.

1956년 8월 23일 〈동아일보〉「올여름 양장표정」

양장은 물론, 여성들이 기본적인 피부 관리와 화장을 어떻게 해야 하는지를 소개하는 글을 여성지에서 쉽게 접할 수 있었다. 스왕 미용실을 운영하는 한영정은 여성의 얼굴 관리에 적합한 식사와 휴식 방법을 제안하며 외출에서 돌아온 뒤 어떻게 피부 관리를 해야 하는지 자세히 알려준다.

집안일을 끝내거나 일터에서 돌아오면 얼굴을 깨끗하게 씻은 다음 콜드크림으로 맛사아지를 하고 영양크림을 바르는데, 콜드크림에는 어느 약국에서나 손 쉽게 살 수 있는 올리브유를 섞어서 쓰고 영양크림으로는 폰즈의 제일 작은 통 하나 정도에 오바홀몬을 두 암플쯤 섞어서 두고 바르면 아주 이상적입니다. (…) 각자 자기의 개성을 살려서 메이크앞을 하겠지만 이 계절에 열븐 화장을 할 때에는 눈과 잎술에서 효과를 높이도록 하십시오. 루우쥬는 마음놓고 담뿍 칠하도록 하며 눈을 시원하고 아름답게 나타내기 위해서 눈썹을 조금 진한 정도로 하고 매일 저녁 붕산수로 눈을 씨도록 하십시오. 요즘 약국에서 파는 안약에다가 분말 페니시링 한 병을 녹여서 눈에 두 방울쯤 떨어뜨리고 바로 깨끗한 꺼어쓰로 닦아내도록 하면 실록에 지지 않을 정도로 아름다운 눈을 가질 수 있습니다. 앞으로 더워오는 날씨이므로 머리의 모양은 역시 요즘 유행하고 있는 쇼트 헤어스타일이 가장 적당합니다. 특히 우리나라 여성 (…) 머리는 짧은 머리가 이상적이라 생각합니다. 가정에 계시는 분으로 한복을 입을 때도 치마가 길어서 언뜻 외국의 야회복 같기도 합니다. 특히 요즘 풀끼가 있는 치마에는 역시 쇼트 헤어가 제일이라 생각되며 만일 키가 다섯 자 반 이상인 분으로 홀쭉하게 되는 분은 긴 머리를 곱게 빗어 넘기는 것도 우아해 보일 것입니다.

1955년 5월 10일 〈동아일보〉

「햇볕의 직사를 피하고 산뜻한 엷은 화장으로」

여성, 명동을 만들다

기초적으로 건강한 육체와 충분한 영양 섭취가 우선이다. 그 다음이 얼굴에 맞는 화장, 옷에 맞는 헤어스타일이라는 것이다. 각자의 개성을 살려서 화장을 하되 눈과 입술을 강조하라고 조언하며 여름이 다가오니 짧은 헤어스타일을 선택할 것을 권한다. 신문 기사들은 계절의 변화에 따라 피부 관리와 화장법도 달리할 것을 촉구하는 것은 물론, 크리스마스를 앞둔 겨울에는 여성들이 자신의 눈을 매력적으로 보이게 하는 화장법이 무엇인지 기초화장에서부터 입술 화장까지 상세하게 소개하며[29] 화장에 따른 헤어스타일까지 어떻게 해야 하는지 알려주었다.[30]

1963년 2월 11일자 〈경향신문〉에는 「BG<sup>Business Girl, 직업여성</sup> 초년생의 몸차림 학교를 갓 나온 여성들을 위하여」라는 기사가 실렸다. 종로에서 세븐 미장원을 운영하는 미용사 김경애와 명동에서 아리사 양장점을 운영하는 디자이너 서수연이 함께 양장과 미용에 관하여 사회 초년생들에게 조언해준다. 직업의 종류에 따라 옷차림이 다를 필요가 있듯이 여대생인지, 직업여성인지, 가정주부인지 역할에 따라 화장도 달리할 것을 요구한다.

기사들은 유행을 따르되, 자신만의 스타일을 만들고 자신의 조건과 개성에 맞게 멋을 낼 것을 촉구했다. 1959년 2월 25일자 〈경향신문〉에는 명동에서 보오구 양장점을 운영하는 한희도가 쓴 '처음 양장하는 분에게'라는 제목의 기사가 실렸는데, "당신 옷은 당신의 것! 남이 입었다고 따라만 갈 것인가? (…) 하여간에 취미와 성격,

개성을 살려서 사회에 첫걸음을 내딛는 여러분의 젊은이 '옷'으로 하여 더욱 청신하고 발랄하기"를 요청하고 있다. 끊임없이 변화하는 최신 유행을 소개하면서도 개성을 놓쳐서는 안 된다고 역설하는 것이다. 뉴서울 미용실의 원장 임형선 역시 "개성을 살릴 수 있는 화장이야말로 직업 부인에게 가장 이상적인 화장법"이라고 강조한다.[31]


### 여성의 소비는 사치일 뿐인가?

식민지 시기 여성들 사이에서도 화장에 대한 입장이 엇갈렸다. 그럼에도 여성의 외모 관리는 '문화'적인 것으로 여겨졌다. 그리고 화장은 여성이라면 추구해야 하는 것으로, 여성의 교양과 예절을 상징하는 것으로 인식되었다.[32] 그렇다면 전후 한국 사회에서 여성의 화장은 어떻게 이해되었을까?

#### "화장은 여성의 에티켓이자 창조적인 행위"

다음은 "왜 그렇게 열심히 화장과 옷차림에 힘쓰는가?"라는 질문에 대한 여성 필자의 대답이다. 이화여자대학교의 도서관장 이봉순은 "현대 여성으로 화장과 옷차림에 힘쓴다는 것은 하나의 상식"이라고 말한다. 남성이 면도하고 셔츠를 매일 갈아입듯이, 여성이 "될 수 있는 한 아름답게 꾸미는 것은 한낱 교양"이라는 것이다.

여성, 명동을 만들다

그녀는 여성이 화장과 옷차림에 힘쓰는 이유가 무엇인지 남성들이 묻는다면, "자기의 개성을 살리고 예의를 지키는 위함"이라고 답하겠다고 밝힌다. 즉 개성을 살리면서 자신의 외모를 가꾸는 것은 바람직할 뿐만 아니라, 현대 여성으로서 상식적인 행위라는 것이다.[33]

소설가로 이름을 날렸고 건국대학교 가정대학장을 역임했던 임옥인[34] 역시 여성이 화장을 하고 용모를 가꾸는 것은 "허영이 아니"며, 여성이 외모를 가꾸지 않는 것은 잡초가 우거진 화단에 비길 수 있을 것이라고 언급한다.

이 질문에는 한마디로 '아니오'라고 대답할 밖에 없습니다. 여성의 용모는 자연 그대로도 충분히 소박한 미를 지닐 수 있겠읍니다마는 그것은 마치 잡초가 우거진, 가꾸지 않은 화단에나 비길 수 있을 것입니다. (…) 특히 여성은 머리 끝서부터 발끝까지 아름답고 섬세하고, 부드럽고 연연함에 있어 나면서의 미의 구유자具有者입니다. 마치 화단에 피어난 예쁜 꽃송이에나 비길가요? 미용이란 다시 말하면 화단에 물을 주고, 잡초를 뽑고 가지를 추리고 의지를 만들어 주는 가꿈이라 하겠읍니다. 소박한 미를 정리된, 그리고 조화되고 세련된 미로 이끌어 올리는 길이 아니겠읍니까? 그러므로 이것은 자연에의 역행이 아니라 자연을 정리하고 보조하며 살리는 길이요 방법이라 하겠읍니다. 젊은 여성이 미용(미장원 출입만을 말하는 것이 아니라)에나 악세사리에 관심이 없다면 그 인생은 오히려 어딘지 부자연하고 병적이고, 기형적인 것으로 볼 수밖에 없읍니다. 인생에 패배하고 절망한 약자가 남을 증오하고 남과 싸울 기력도 없어 그 채찍을 자신에게 가하는 것으로도 볼 수 있읍니다. 몸을 가꾼다거나, 장식한다는 일은 여성에게 있어선 산다는 열의와 근면을 뜻하게 되는 것입니다. (…) '이브' 할머니 때부터, 여성 생활의 그 줄거리는 실로 아름답게 가꾸고, 장식한다는 데 있었으며, 앞으로도 영원히 어떤 형태로는 이 실정은 변함이 없으리라 믿습니다.

1956년 10월 〈여원〉「새 세대를 위한 일곱 가지 문답, 미용과 악세사리를 허영이나 바람난 것으로 생각지 않는가?」(임옥인)

임옥인은 여성이 미용이나 액세서리에 관심이 없는 것이 오히려 부자연스러운 것이며, 미용이란 "화단에 물을 주고, 잡초를 뽑고 가지를 추리고 의지를 만들어주는 가꿈"이라고 말한다. 또 몸을 가꾼다거나 장식하는 행위는 "여성에게 있어선 산다는 열의와 근면을 뜻"한다. 물론 외모를 가꾸는 방법이 적절하지 않으면 오히려 자신의 아름다움을 해치거나 품격을 떨어뜨릴 수 있음을 기억해야 한다고 강조한다.

이와 함께 여성이 외모를 가꾸는 것은 예술 혹은 본능이라는 입장도 있었다. 1957년 5월 〈여원〉에 실린 화장에 관한 특집 기사에서 문예평론가 조연현은 "화장이란 새로운 인간을 창조하는 행위"라고 말하고, 시인 김남조는 "여성의 화장은 본능"이며 "여성은 최대 한도까지 아름다워야" 한다는 의견을 내놓는다.[35] 그러나 화장을 비롯한 외모 관리 때문에 여성이 소비를 하는 것은 사치와 허영이며, 개인은 물론 국가에도 치명적인 문제점을 안긴다는 비판도 만만치 않았다.

### "여성의 소비는 사치와 허영"

외모 관리에 쓰이는 여성의 소비는 시대가 바뀌어도 타박의 대상이었다. 신여성을 두고 식민지 조선의 현실과 자본주의의 모순도 망각한 채 사치와 허영에 빠졌다며 쏟아진 비난은, 전후가 되면서 외국에서 받는 경제원조와 남북통일이라는 과업이 놓인 현실을 망각한 행위라고 그 비난의 근거가 달라졌다.

외적인 것에 치중하느라 내적인 영혼을 아름답게 하지 못하며, 이러한 여성들의 방식은 국가적으로도 문제라는 지적도 제기되었다. YWCA 대외부위원장을 맡고 있었던 손인실은 한국전쟁 이후 여성들의 외적인 아름다움이 급속도로 달라졌다고 언급하며, 이러한 "휘황찬란한 아름다움"에 비해서 내면은 텅 비어 있고, 인형 같은 여인들만이 범람한다고 지적한다.[36] 여성들의 화려한 외모에 대한 비판은 개인 차원에 그치지 않고, 국가 발전과 남북통일이라는 시대적 과업으로까지 이어졌다.

여성 화가 이룡자는 명동 거리를 누비는 여성들의 화려한 옷차림에 대해 "한국은 1945년 해방되었지만, 외국으로부터 원조를 받고 있는 처지이며, 남북통일이라는 커다란 과업이 놓여 있다"라며, "이 판국에 귀걸이 목걸이가 다 무슨 소용인가?"라고 지적한다. "이와 같은 어리석은 허영의 대가가 자기 자신을 망치고 모든 남성들을 현혹시키어 죄악의 씨를 뿌리고 있다"는 것이다. 이 말에 따르면, 외모로 현혹하는 것은 여성이고 현혹의 대상이 되는 것은 남성이 므로 잘못의 근원은 여성에게 있다. 나아가 이룡자는 "한국 여성들 이여! 외국의 침해를 받지 말고 자립합시다. 남자의 노리갯감이 되지 맙시다. 우리들은 진실한 한국의 어머니가 됩시다"라고 목소리를 높인다.[37] 결국 여성의 '사치스럽고 허영스러운' 외양에 대한 비난의 실체는 여성들이 국산품을 사용하지 않고 외제를 쓴다는 데 있다. 미용을 가르치는 정화고등학교의 교장 권정희는 "외산을 씀으로써 어떤 푸라이드를 가져보려는 여성들의 허세는 혁명 과업을 완수해야 하는 이 마당에 완전히 일소되어야 한다고 주장하고 싶다"라고 밝힌다.

한편, 고원일은 해방 이후 벨벳과 나일론, 양단 치마 등 옷감의 유행이 어떻게 전개되었는지를 살피고 이를 근거로 여성들의 사치를 문제시했다.

몸뻬로부터 해방되자 들어온 베르벳드, 나이론 양단의 유행은 여성을 타락시키고 말았다. 고요한 아침의 나라 대한민국의 수도, 서울의 한복판 명동 누가 이름지어 식민지 동이라 했다. 으리으리하게 쇼·윈도에 진열되어 있는 외래품의 홍수, 메이드·인 쟈팡日本을 위시로 해서, 메이드·인·USA, 메이드·인·홍콩 등등…… 이것은 대체 누구를 위한 사치들인가. 해방 이후 이십 년, 그리고 이승만 정권 이십 년, 오늘에서 여성은 오직 사치에만 눈이 어두어 스스로를 부패시켜왔다. 이제 여성의 옷감의 유행을 중심으로 해서 얼마나 많은 돈이 이 사치를 위하여 허비되어왔는가를 살펴본다. (…) 국민의 분수에 맞는 호사를 하여튼 우리나라 여성은 그들의 사치를 위하여 막대한 돈을 외국산에 낭비하고 적지 않은 국내 경제를 좀먹고 말았다. 옷은 여성의 날개이며 아름답게 보이려는 욕망은 여성에게 있어서 본능에 가까운 충동이다. 그러나 이것이 자기의 분수를 넘을 때 우리는 사치라고 부르고 배격한다. 자기의 분수에 넘은 호사를 할 때 그 사람은 남의 지탄을 받고 급기야는 패가망신하기 마련이다. 이것은 일개인의 문제에 한한 것이 아니라 국민이라는 단위에서 볼 때도 마찬가지다. 그 국민의 분수에 맞게 국민 모두가 호사를 하여야 이 분수를 넘어서 국산품이 아닌 외래품으로 사치를 할 경우 그 국민은 결국 망하고 마는 것이다. 우리는 여성의 주변에는 외래품이 너무나도 많다. 화장품에서부터 옷, 핸드백, 파라솔, 구두 등등, 도시의 여성들은 자기의 몸차림 중에 어느 것 하나는 꼭 외국산을 지니고 있다. 그녀의 몸차림에서 외국산을 추방할 수는 없을까. 이승만 정권 이십 년의 폭정의 그늘에서 우리 여성들은 사치와 외국산 숭배로 스스로 타락시키고 국가를 좀먹어왔다.

1960년 9월 〈여원〉「치마저고리의 유행 이십 년」(고원일)

여성들의 외래품 사치는 결국 "국내 경제를 좀먹고 말았다." 고원일은 여성들이 외래품을 사용하지 않음으로써 애국할 수 있으며, 전후 독일의 부흥처럼 한강의 기적이 일어날 수 있게 할 것이라고 주장한다.

박정희 정권은 외제품에 대한 대대적인 규제를 실시하였으며, 이는 여성들의 양품 소비를 제한하는 결과로 이어졌다. 1950년대 중반 생활필수품 밀수가 끊이지 않고 외제를 선호하는 풍조가 만연하자, 외래 사치품을 배격하는 생활 운동이 시작되었으며, 이러한 가운데 정부에서는 신생활복을 만들어 국민 모두 의무적으로 입는 '신생활복 착용안'이 국회에서 통과되었다.[38] 하지만 신생활복의 착용은 오래가지 못했으며, 박정희 정권의 등장과 함께 국민복이 강요되었다. 국가 차원에서 이뤄진 국민복 착용 캠페인은 양장을 일상복으로 보급하는 결과를 낳았다.[39] 1960년대까지도 소비는 기본적으로 낭비로 이해되었으며, 국민, 국가, 기업 등 경제 3주체 중에서 국민은 절약과 저축으로 빈곤을 탈출하는 데 도움을 주어야 한다고 여겨졌다.[40]

박정희 정권은 소비 규제를 강력하게 실시하면서도 경제개발이라는 논리를 앞세우며 물질적인 풍요로움을 약속했다. 이 시기에 소비와 물질문명을 찬양하는 광고가 급성장하였다.[41] 1960년대가 소비하는 여성들을 비난하면서도 소비를 조장하는 자기 모순적 시대임을 스스로 증명하고 있다.

여성, 명동을 만들다

수동적이고 비결정적으로 유입된 근대화의 물결에서 근대의 또 다른 얼굴, 자유와 쾌락, 상상력은 한국의 근대화 프로젝트에서는 고려되지 않았다. 더욱이 수출 지향의 산업화를 추진하는 한국에서 국내 소비는 목적이 아니었으므로, 개인성과 자유라는 소비와 관련된 근대 경험은 철저하게 억제되었다. 소비는 상품의 수출과 함께 한국 밖으로 넘겨지면서, 소비 측면의 근대화는 한국의 근대화 과정에서 주변화하고 일탈화하였다. 이런 맥락에서 소비로 재현되는 근대의 여성 역시 억압되고 배제되었다.[42]

# 4  생활 공간이 문화 공간으로

## 소비하는 여자, 노동하는 여자

전쟁으로 인한 남성의 부재는 자의든 타의든 가정과 사회에서 여성의 역할을 확대하는 계기가 되었다. 많은 여성들은 남편과 아들과 아버지를 잃었고, 일부 여성들은 전쟁의 후유증으로 노동력을 상실한 남편과 아들과 아버지를 떠안게 되었다. 따라서 수많은 여성이 가족의 생계를 위한 노동에 나서야만 했다.[1]

그러나 여성이 공적 영역으로 진출하여 할 수 있는 일의 종류는 많지 않았다. 전문적인 기술이 없고 교육도 받지 못한 여성이 안정적으로 종사할 수 있는 일자리는 거의 없었다. 다음 기사는 1962년 여성의 취업 실태를 보여준다.

여성문제연구회에서는 창립 10주년을 맞이하여 여성 문제 실태 전시회를 국민회당에서 11월 7일부터 11일까지 열고 있다. 16종목에 걸쳐 발표된 여성 법률 상담, 사건 분류 통계 등등, 여러 가지 여성 문제를 밝혀주고 있다. 그중 전시회장에 나타난 여성들의 취업 상태를 살펴보면 다음과 같다. 서울을 중심으로 조사된 여성들의 취업 상태를 보면 총 여성 수 1백30만 173명에 비하여 취업자 수는 11만 6천8백75명에 불

과하다. 총 여성 수를 100%로 보았을 때 겨우
9%밖에 되지 않는다. 취업자들 중의 여성을 직
업별로 다시 나누어보면 식모가 단연 으뜸을
차지한다는 사실이다. 즉 2만 8천68명으로 여
성들의 총 취업자 중에서 1위를 차지한다. 다
음이 밀창이다. 1만7천여명. 3위를 차지하는

것이 생산 공장의 직공, 4위가 미용사, 5위가 국민학교 교사이다. 즉 지
식층일수록 취업률이 적은 현상을 나타내고 있다. 국민학교 교사가 겨
우 2천5백52명, 중고등학교가 1천6백73명, 대학이 406명이었다. 또 하나
의 놀라운 사실은 재봉업이 많다는 것이며 복술이점쟁이 134명, 무당이
546명, 기타 70명, 특히 고등교육을 받은 여성들이 활발하게 사회참여
를 하지 못하고 있는 실정이다.

1962년 11월 12일 〈동아일보〉 「취업여성 겨우 9%」


여성문제연구회(회장 이희호)가 실시한 취업 여성의 실태 조사에
따르면, 1962년 현재 서울에 거주하는 전체 여성 130만 명 중에 취
업한 여성의 수는 약 12만 명으로, 9퍼센트 정도였다. 취업 여성 가
운데 식모가 약 3만 명으로 가장 많은 수를 차지하였으며, '밀창'
즉 성매매를 하는 여성이 2위, 3위는 생산 공장의 직공, 4위가 미용
사, 5위가 초등학교 교사였다. '재봉업'에 종사하는 여성이 많은 것,
그리고 고등교육을 받은 여성들이 사회참여를 하지 못하는 것이

큰 특징이었다. 여성들은 여성성과 밀접하게 연관된 미용과 양재 분야로 많이 진출하는 경향을 보였다.

당시 정부는 정책적인 차원에서 경제적으로 가장 취약한 여건에 놓인 전쟁미망인을 대상으로 기술 교육을 실시하였다. 1953년에 전쟁미망인과 그 자녀를 보호하고, 직업을 알선하기 위한 서울국립전쟁미망인훈련소를 만들어 이발부, 미용부, 재단부, 편물부, 직조부, 타자부 등을 두고 기술 교육을 실시하였다. 또한 생산자 조합 형태의 수산장授産場을 설치하였다. 재봉틀과 편물 기계를 비치해 미망인들이 옷을 만들고 이를 팔아 생계를 유지할 수 있게 하였다.[2] 서울 서소문에 위치한 무궁화 고등 양재학교에서는 전쟁미망인 50명에게 양재 기술을 6개월간 가르쳤다.[3] 한편, 전쟁미망인이 미용사 시험에 지원하면 우선적으로 합격시켜야 한다는 의견이 사회적으로 제기될 만큼, 전쟁미망인을 지원하기 위한 방안으로 미용 기술이 유용하게 여겨졌다.[4]

**인기 직업으로 떠오른 양재사와 미용사**

전쟁미망인의 경제적 자립을 위한 방법으로 기술 교육을 실시하는 가운데, 여성지와 신문은 일반 여성들이 배울 수 있는 기술의 종류와 관련 직업을 소개하였다. 〈동아일보〉에서는 1958년 11월과 12월에 여성과 기술에 관한 특집 기사로 미용, 편물, 양재, 간호원, 타이피스트, 전화교환수 등을 다루었다.[5] 1960년대 중반이 되면 여

여성, 명동을 만들다

자 운전사가 추가되기도 한다.[6] 양재와 미용 기술을 배우는 것을 권하는 이유는 다음과 같다.

> 오늘에 있어서의 양장이란 거의 우리들의 의복
> 이 되어가고 있다. 옷감 생산에서부터 양재기술 그
> 리고 일반의 채택 안목과 이용이 나날이 발전하고
> 있는 것이다. 따라서 양재기술은 여성의 기술 직업
> 으로서 안전한 위치에 있을뿐더러 도리어 기술 향
> 상과 기술자가 일반의 요구에 따를 수 없는 것이
> 애로가 되어가고 있는 것이다. 그것은 그 기술 자체가 새로워야 할뿐더
> 러 다양한 여성의 취미와 개성을 살리기에는 예술적인 안목까지도 있
> 어야 하기 때문인 것이다.
>
> 1958년 12월 18일 〈동아일보〉「여성과 기술 (6) 양재」

양재 기술이 나날이 발전하고 있을 뿐만 아니라, 여성의 기술 직업으로서 안전하고 소비자인 여성의 취미와 개성을 살릴 수 있는 안목이 요구되는 직업인 만큼 양재사는 장래가 유망한 직종이었다. "생활의 보람"을 느끼고 "개성 표현"은 물론, 기술을 배움으로써 재단하고 남은 옷감으로 아이의 옷을 만들거나 남편이 입던 오래된 양복을 아동복으로 만들어 이용하며 "경제적인 주부", "알뜰한 엄마 노릇"을 할 수 있다는 것이다.[7]

양재와 더불어, 미용 역시 여성에게 안정적인 직업이며 이제는
어디에서든지 보편화되어 "여성의 미와 건강을 바르게 보존하는
데 기여"할 수 있다고 보았다.

여성들의 직업적 기술의 종류는 날이 갈수록 늘어가
고 있다. 하나의 기술을 완전히 체득하고 있다는 것은
남녀를 막론하고 하나의 커다란 자산일 수 있는 동시에
재산이 아닐 수 없고 앞으로는 더욱 그 가치가 인정될
것이라 믿는다. 여성으로서 하나의 안전한 직업으로 가
질 수 있고 어느 지역을 가든지 이제는 보편화하여 여성
의 미와 건강을 바르게 보존하는 데 기여하는 미용기술은 우리들이 상
식적으로 생각하기보다는 더 큰 수련과 연마를 필요로 하는 것이다.

1958년 11월 13일 〈동아일보〉「여성과 기술 (1) 미용」

이처럼 대중매체에서 여성이 배울 수 있는 기술을 소개한 것은,
전쟁 이후 경제적인 안정과 자립에 대한 여성들의 관심이 높아졌
고, 그 관심이 기술 교육의 인기로 이어졌기 때문이다. 〈여원〉을 출
간하는 여원사는 1958년에 교양 강좌를 비롯하여 미용, 요리, 양재
관련 강의를 개최하였는데 수많은 여성들이 몰려들었다. 이에 대해
서 당시 언론은 "배워야 산다, 배우고 싶다, 일하고 싶다" 하는 분
위기가 여성들 사이에 지배적이라고 보았다. 즉 여성들이 과거의

여성, 명동을 만들다

인습을 벗어나 "분발하여", 자신은 물론 가정과 사회를 다스리고 돕는 데 적극적인 모습을 보인다는 의미로 여겨졌다.[8]

예림미용고등기술학교를 운영했던 임형선은 "부부 맞벌이 태곳적부터" 있었다는 표현으로 여성들의 사회 진출을 지지하였다.[9] 사회 활동을 하는 여성 사이에서는 맞벌이 부부를 긍정적으로 여겼다. 또한 1965년 2월 〈여원〉에 '2월의 표정, 이달의 베스트 레이디'로 실린 중앙대 경제학과의 김인옥 교수는 "여자의 완전한 인격적 자립은 곧 경제적 자립"이기 때문에 여성들이 양재나 요리 등 실제적인 생활 문제에 관심을 품는다고 밝힌다. 사회 활동을 하는 여성들의 이러한 발언은 여성이 경제적으로 독립적인 주체가 되도록 격려하였다.

기술 교육에 대한 여성의 관심과 사회적 담론은 여성의 경제적 자립과 사회 진출과 맞물려 있었지만, 한편으로는 한 가정의 아내이자 어머니로서 가정경제에 기여해야 한다고 강조하는 면도 있었다. 치안국 여경 계장 김정호는 "기술 습득은 살림의 밑천"이라고 말한다.

엔지니어라고 해서 그것이 꼭 남성들만의 직업이 될 수 없고 미장원이나 다방업이라고 해서 그것이 꼭 여성만의 직업이 될 수 없다는 것이다. 때문에 결혼하기에 앞서 다시 말해서 처녀 시절에는 공부도 중요한 노릇이기는 하지만 자신의 취미와 소질과 가정의 환경에 알맞는 직업을 택해서 직업 본위가 아니라 기술 습득이란 정신 밑에서 일할 줄 알아야 하겠다. 공부하면서 배울 수 있다는 기술은 얼마든지 있어 '타이프라이터', 미용기술, 요리, 재봉, 편물, 생화, 인형, 자기업磁器, 계리업計理 등등 생각하고 따지면 이루 헤아릴 수 없이 많을 것 같다. (…) 하나의 기술은 남편을 받들고 살림을 꾸민 후라도 그것이 중요한 살림의 밑천이라는 것을 알아야 하겠다.

(…) 과학문명이 최고도로 발달한 지금의 세대에 맞는 여성이 되어 생존경쟁이 심한 오늘에 뚜렷한 자기를 자신이 발견할 수 있도록 자기의 특기를 살려 결혼 후 가정의 행복과 자신 있는 삶의 길을 용기 있고 자신 있게 그리고 착한 아내요 훌륭한 어머니가 되는 기초를 마련해야 할 것이다. 이러한 여성으로서 지닌 특기는 그 어느 백만금어치의 혼수보다 값있고 영구한 것으로써 빛날 것이다. 일조 일석에서 잃어지는 것이 가재家財라고 한다면 기술이란 세상에 삶이 계속하는 한 그 자신만이 소유하는 귀하고도 변할 수 없는 또 잃을 수 없는 재산일 것이다. (…) 이러한 기술은 그 어느 때나 습득되는 것이 아니라는 것을 강조하고 싶다. (…) 결혼 전의 기술 습득으로 가정의 행복이 따르고 있다는 것을 깊이 인식하고 귀중한 지금의 자기 위치를 돌이켜 보는 현명한 여성이 되기를 바란다.

(…) 여성들의 사회 활동이란 어느 곳에서나 볼 수 있는 것이다. 하지만 특수한 기술을 배워 가정의 주부는 주부로서 직업여성은 자기의 직장에서 자기가 지닌 기술을 살려 시간만 있으면 더 연구하고 다시

여성, 명동을 만들다

배워 새로운 것을 발견함으로써 자기의 삶은 더욱 빛날 것이다.

1959년 3월 〈여원〉

「특집 '부부 맞벌이'와 우리의 현실 : 처녀의 '특기'는 가장 큰 혼수다」

이 글에서 김정호는 여성이 습득하는 기술은 살림의 중요한 밑천이라는 것을 알아야 한다고 강조한다. 그리고 기술 습득은 "착한 아내이자 훌륭한 어머니가 되는 기초를 마련"해줄 것이고 "백만금어치의 혼수보다 값있고 영구한 것"이라며, 여성들이 결혼 전에 기술을 배울 것을 촉구하였다. 이 같은 사회적 촉구가 경제적으로도 능력 있는 아내이자 어머니를 요구하며 등장한 점은 비판할 소지가 있지만, 그럼에도 여성의 사회 진출을 긍정적으로 이해하는 측면을 간과할 수는 없다. 이러한 사회적 분위기와 함께 수많은 여성들이 양재와 미용 기술을 배우고자 희망했음은 분명한 것으로 보인다.

### 양장점과 미장원 개업하기

이를 반영하듯 잡지와 신문에서는 여성이 개업할 수 있는 대표적인 업종으로 주로 양장점과 미장원, 다방을 소개하였다.[10] 양장점과 미장원은 기술을 배워 꾸릴 수 있는 것으로 많은 관심을 모았다. 다음은 양장점을 개업하는 데 필요한 초기 비용과 준비 사항을 자세히 소개하는 기사이다.

흔히 양재학교를 나오면 곧 양재점을 할 수 있는 줄 생각하시는 분이 많이 계신데 그것은 물론 사람의 기능 여하에 달린 것이지만 십중팔구는 안 된다고 말하는 편이 틀림없을 것입니다. 어느 부문의 기술이든지 습득하기에는 한이 없는 것인데 더욱이 양재는 더 기술의 완벽을 기하기는 어려운 문제입니다. 결국 어느 일이든 계속해서 하는 중에 습득이 되고 발전이 되는 것입니다. 대체적인 상식적으로 우리는 학교를 졸업하고 2, 3년이면 일할 수 있는 것으로 봅니다. 즉, 2, 3년이라는 동안 다른 양재점에 가보아 그동안에 양재점에서 일을 배우는 것이 중요한 일입니다. 즉 조그만 상점으로부터 좀 크고 그리고 일류 양장점으로 이렇게 거쳐서 일을 배운다면 이상적인 수업이라고 하겠습니다. 물론 자기의 장래를 위하여 수업하는 기간이니 급료라든가 근무시간에는 딴 요구를 마시고 기술 습득, 손님 다루는법, 상점 경영법 등을 배우기에 중점을 둘 것입니다.

(…) 양장점을 가지려면 (…) 너무 젊으신 데자이너라든가 점포를 가진 주인에 있어서는 객이 신임을 가질 수 없는 관계로 25, 6세 이상이나 되어야 할 것입니다. (…) 우선 점포를 마련하려며는 장소를 보아야 할 것입니다. 양장한 부인들이 많이 다니는 길 그리고 도시 중심부 역이나 정류소 가까이 또는 미용실, 양품점, 양장점이 많은 거리 등이 좋을 것입니다. 동업자가 많은 것은 걱정할 것이 아니며 오히려 좋은 조건입니다. 가게의 방향은 서방은 피하는 편이 좋습니다. 대체로 오후별이 몹씨 강하게 쪼이면 좋지 않습니다. 입구는 될 수 있는 대로 들어

여성, 명동을 만들다

가기 쉽게 할 것이며 내부는 상점 규모의 대소에 따라서 다르지만 양재점이면 가봉실은 가져야 할 것입니다. 적게 카—덴을 친다든가 하고 체경을 준비하여 마음 놓고 옷을 가라 입을 수 있는 곳을 준비할 것입니다.

1957년 9월 〈여원〉 「양재점」(최경자)

국제 양장점을 운영하는 최경자는 양장점을 개업하는 데 필요한 정보를 알려준다. "여성의 직장 진출이 급속도로 늘어가고 있는 오늘날, 양재는 우리 여성의 제일 적당한 직업의 하나"인데, "처녀 시절이나 결혼 후, 자녀를 가지고라도 할 수 있는 직업"이기 때문이라고 한다. 또한 직접 점포를 운영하지 않아도 다른 양장점에 취직하거나 부업으로 삼을 수 있어 선택할 만한 직업이라고 보았다. 기술을 배워 양장점에 취직한 뒤, 경험을 쌓아 자신의 양장점을 개업하라고 권했다. 양장한 부인들이 많이 다니는 길, 도시 중심부에 위치한 역이나 정류소 근처 또는 미용실이나 양품점, 양장점이 많은 거리가 개업하기에 적합한 장소라고 보았다. 그리고 양장점으로 들어가는 입구는 가능한 한 들어가기 쉽게 하고, 가봉실은 반드시 마련해야 하며 거울을 준비하고 커텐을 쳐서 옷을 갈아입을 수 있는 곳을 준비하라고 조언한다.

다음 기사에서는 한홍순 원장(중앙기술학교)이 미장원을 차릴 때 주의할 점에 대해서 소개하고 있다. 장소를 선택하고 어떤 시설을 구비할지 설명하기에 앞서, 고객인 여성의 심리를 잘 파악해야 한다고 강조한다. 다른 업종과 달리 미장원은 고객이 오랜 시간을 보내는 곳이기 때문에, "지루한 감을 주지 않고 가정적이면서도 아늑한 느낌을 가질 수 있게" 시설을 만드는 것이 무엇보다 중요하다고 지적한다.

장소의 선택과 시설 (…) 앞서도 말한 바 있지만 우리나라 여성들 특히 사회적으로 밖앝출입을 하게 된 지 얼마 안 되는 가정부인들은 길가의 번화하고 남의 눈에 띄우기 쉬운 곳을 싫어하는 것은 사실입니다. 더욱이 명동이나 종로 같은 중심지가 아니고 변두리에서 조그마하게 소규모의 개업을 할려면 더욱 절실하게 느끼게 되는 일일 것입니다. 그렇다고 아주 남이 잘 찾지도 못할 만큼 깊숙한 곳이 좋다는 것도 아닙니다. 설사 길가에 있더라도 행인이 쉽게 들여다볼 수 없는 2층이라든가 혹은 큰길에서 옆 골목으로 2, 3미터 떨어진 곳이 좋을 것입니다. (…) 보통 변두리에서 이러한 조건이 구비된 건물을 구하자며는 전세로는 약 30만환 정도이고 월세로는 보증금 20만환에 2만환의 세를면 될 것입니다. (…) 첫째로 '커텐' 하나를 택하는 데도 세심한 주의를 해야 한다는 것입니다. 보통 조그마한 미장원에 필요한 장치로는 거울, 미용대, 의자, 응접 '쏘파', 커텐, 화분, 칸막이(별실처럼 칸을 막을 수 있는) 등입니다. 종업원의 선택과 기술 (…) 아무튼 손님들에게 좋은 인상을 줄 수 있고 친근감을 줄 수 있는 20세 전후의 종업원, 15, 16세의 조수

여성, 명동을 만들다

를 선택하고 그 업소대로의 독특한 장기長技를 갖는다면 이 문제는 만점일 것입니다. (…) 현재 개업하고 있는 대부분의 미장원은 미용사자격증을 가진 분들이지마는 이러한 기술을 지니지 않은 분이 개업을한다면 아무래도 무리가 생길 것이니만큼 (…) 보통 미용학교에서 졸업 후 국가시험을 쳐야 하는 6개월간의 속성과와 졸업과 동시에 자격증이 수여되는 1년제 본과가 있습니다.

1957년 9월 〈여원〉「미장원」(한홍순, 중앙기술학교장)


한홍순은 가정부인들이 남의 눈에 띄기 쉬운 곳을 싫어하는 경향을 참조하여, 미장원 점포는 "길가에 있더라도 행인이 쉽게 들여다볼 수 없는 2층이라든가 혹은 큰길에서 옆 골목으로 약간 떨어진 곳"을 선택하라고 권한다. 그리고 좋은 인상과 친근감을 주는종업원을 채용해 미용실의 분위기를 만들라고 한다.

### 양재와 미용 기술 배우기

양장점과 미장원을 개업하거나 그곳에 취직하려면, 기술학원이나 학교를 다녀야 했다. 1959년경에 서울에 소재하던 양재학원은규모나 수준이 모두 미비한 편이었다. 보통 양재학원은 본과(아동복과 부인복, 주로 하복의 재단과 재봉)와 연구과(동복, 주로 외투), 재단과(직업적인 재단법)를 두었으며, 각 과정을 마치는 데 3개월이 걸렸다. 9개월을 다니면 양재 관련 기술을 모두 배울 수 있는데, 스스로 양장점을 개업할 정도의 기술을 익혔다고 한다. 기술을 배우는 데 드는 비용[11]은, 본과가 입학금과 실습비를 합쳐 2만 5,000환, 연구과는 2만 9,000환, 재단과는 양복지 값을 포함하여 3만 5,000환 정도였다. 양장점의 재단사나 재봉사로 취직하여 받는 보수는 월 3만 환에서부터 차차 연차에 따라 약 10만 환까지 올랐다. 그리고 20만~30만 환이 있으면 작은 양장점을 개업할 수 있었다.[12]

1964년에 이르러 서울에 소재한 양재학원은 20개로 늘어났다. 이 시기에 양재학원으로 진학하는 여학생의 수가 증가하였는데, 양장이 일상복으로 변화된 측면과 함께, 다른 직종의 취직이나 진학의 길이 좁아졌기 때문이었다. 보통 가정 재봉 정도의 기초 기술을 습득하는 데 3, 4개월이 소요되며, 1년은 배워야 블라우스, 셔츠, 아동복, 소아복, 칵테일 드레스, 오버코트 등을 배워 양재의 기초를 완전히 갖출 수 있었다. 본과를 배우면 간단한 옷이나 아이들 옷 정도는 만들 수 있었다. 그러나 양재를 전문으로 하려면 본과를 마친 후 연구과를 다녀야 했다. 연구과에서는 양재 기술만이 아니라 미학, 색채학, 데생 등 양재에 관한 종합적인 지식을 배웠다. 연구과를 마치면 개업을 하거나 양장점에 취직하거나 양재학원이나 고등학교의 교사, 큰 공장이나 기성복 회사의 디자이너로 취직할 수 있었다. 본과 1년에 연구과 6개월의 경우 입학금 1,500원과 매월 수업료, 실습비를 포함하여 1,200원 정도였다. 반면 단기로 배우는 경우, 대개 본과와 연구과, 재봉과를 각각 3개월에 걸쳐 마칠 수 있었다. 본과와 연구과의 과정을 속성으로 배우는 재단과는 4개월이 걸렸다. 단기 수업은 보통 입학금이 1,000원, 매월 수업료 500원 정도를 내야 했다.[13]

한편 양장점에서 양재 기술을 정식으로 가르치기도 했다. 아제리아 양재점은 재단과와 디자인과로 나누어 고졸 이상의 남녀를 연구생으로 모집하였다. 수업 시간은 양장점의 영업이 끝난 오후 6시부터 8시 사이였다.

미용 기술은 학원과 더불어 기술고등학교까지 설립되어 있어 선택의 폭이 넓었다. 대표적으로 예림미용고등기술학교의 교육 과정을 살펴보면, 화장과 마사지, 팩 등의 미안술과 매니큐어, 전신 마사지법, 커트, 세트, 파마, 아이론(고데), 컬 등 실습과 미용 기술 이론을 배웠다. 심미안과 교양을 높이기 위하여 미학 등 교양과목을 배우며, 화장품학, 물상, 생리 과목을 배웠다.[14] 그리고 미용업은 접객업이어서 공중위생, 소독학, 위생 법규, 미용 발달의 연혁과 유행의 성격을 다루는 과목도 배웠다. 정부의 인정을 받은 학교에 한해, 1년간의 교육과정을 마친 학생들은 국가 미용사 자격 시험[15]을 치르지 않아도 자격증을 발급받을 수 있었다.

본과는 1년, 속성과는 6개월이었으며, 속성과는 자격증 없이 기술만 습득하게 된다. 미용학교를 다니기 위해 드는 비용은 1959년 당시 본과가 입학금이 1만 6,000천 환에 매달 월사금이 4,000환, 속성과는 입학금이 5,000환에 매달 월사금이 3,000환이었다. 졸업

후 취직을 하면, 초급을 2만 환에서 5만 환 정도 받을 수 있었다.[16] 1963년에 미용학교는 보통 1년 과정에 입학금은 1,000원, 한 달 수업료는 6,000원 정도였다.

1965년 무렵에는 서울 시내에 소재한 미용학원만 10여 군데로 늘어났다. 보통 미용과와 이발과로 나뉘었으며, 학원의 경우 입학금이 없고 매달 수업료 500원과 기구료만 부담하면 되었다. 주간은 오전 9시부터 2시까지, 야간은 오후 6시부터 9시까지였다. 반면, 미용학교는 입학금이 1,000원, 매달 수업료가 620원, 기구료가 400원이었다.[17]

당시 학원이나 학교를 다녔던 여성의 층은 꽤 다양했던 것으로 보인다. 기술고등학교의 입학 자격은 중학교를 졸업한 자 또는 미용학원을 졸업했거나 그 이상의 학력이 있다고 인정되는 경우에 진학할 수 있었다.[18] 예림미용고등기술학교를 운영한 임형선에 따르면, 고등학교로 진학하지 못한 여학생, 가계를 돕기 위해 개업하려는 가정주부, 이혼한 여성 들이 입학하였으며, 연령대는 10대 중반에서 30대 중후반까지 다양한 편이었다. 그러나 가장 많은 비중을 차지한 학생은 가난하여 중학교로 진학하지 못한 16, 17세의 어린 여성들이었다. 식모로 일하거나 공장에서 일하는 직공들은 주로 야간 수업을 다녔다. 어린 학생들은 기술학교를 다니는 것을 부끄러워하여 도둑처럼 숨어서 들어왔다고 한다.[19] 입학생의 30퍼센트 정도가 월사금을 제때 내지 못해 미용사로 취직한 다음에 내거나, 안 내

여성, 명동을 만들다

는 학생도 많았다. 비용을 지불하고 일정 시간 동안 교육받으며 요구되는 자격을 충족해야 했기 때문에, 누구나 쉽게 기술을 배울 수 있는 것은 아니었다. 그래서 곧바로 양장점이나 미장원에 취직하여 '시다'로 일하며 기술을 배우는 경우도 많았다.

## 양재사와 미용사의 직업 세계

양재와 미용 기술을 배우려는 뜨거운 열망 속에서, 기술학원이나 학교를 졸업한 여성들은 본격적으로 일을 시작했다. 양재사와 미용사가 일하는 모습이 당시 여성지와 신문에 화보로 실리고는 했다. 다음 화보(140~141쪽)는 양장점과 미장원에서 근무하는 여성들의 모습으로 1956년 9월호 〈여원〉에 실린 것이다. "또 한 겹의 여성들의 미의 표장表裝을 만드는 양장점 아가씨들"이라는 글과 함께 실린 사진은 최경자가 운영하는 국제 양장사에서 여성들이 일하는 모습이다. 한 여성은 가위로 옷감을 자르고, 다른 두 명은 재봉틀로 박음질을 하며, 또 한 여성은 마네킹에 옷을 입히고 있다. 또 다른 사진은 "여성들의 미는 여성들의 손으로 창조되고 있다"라는 설명과 함께, 종로의 신신 백화점에 위치한 신신 미용실의 모습이다.

국제 양장사에서. 〈여원〉 1956년 9월호
"또 한 겹의 여성들의 미의 표장을 만드는 양장점 아가씨들."

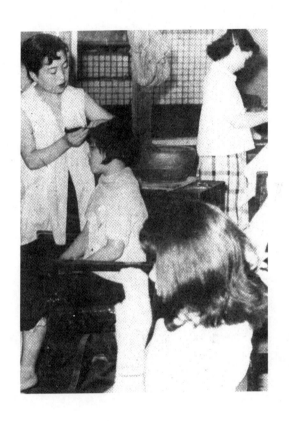

신신 미용실에서. 〈여원〉 1956년 9월호
"여성들의 미는 여성들의 손으로 창조되고 있다."

## 양장점과 미장원에서 일하는 여성들

다음은 이화여대 의류학과를 졸업하고 노라노에게 양재를 배워 양장점에서 근무하던 박윤정의 글이다. 박윤정은 그 후 미국 유학을 다녀와 1966년에 '미스 박 테일러'라는 상호로 충무로에 슈트 전문 의상실을 냈으며, 에스모드 서울 패션 전문학교를 설립하여 지금까지 운영하고 있다. 박윤정은 디자이너가 여성이 하기에 적당한 직업이라고 흔히들 말하지만, 밤늦게까지 일을 해야 하는 경우가 부지기수고 결혼을 계기로 일을 중단하는 경우도 적지 않다고 지적한다. 그럼에도 기술을 기반으로 하는 직업이기 때문에 실력만 있다면 경제적으로 충분히 독립할 수 있는 강점이 있다고 경험담을 이야기한다.

그 사람의 성격과 행동, 몸집의 크기, 눈과 머리 모양, 그리고 취미 등 데리케이트한 관찰과 쎈쓰로서 옷의 모양을 추천하고 설명할 수 있는 디자이너란 정말 어려운 사업 중의 하나이다. (…) 노동과 정신력을 동시에 필요로 하는 이 직업에 그래도 열중할 수 있는 것은 한 가지 한 가지 자신의 마음에 드는 옷을 창작할 수 있다는 것과 무한이 변화를 가져올 수 있는 점이라 한다. 우리나라에서는 여자의 직업으로 디자이너가 적당한 것이라 생각하지만 실상은 어려운 일 중의 하나다. 손님을 맞이하고 옷감을 고르고 모양을 정하는 일 뒤에

여성, 명동을 만들다

시일을 맞추어서 완성시키기까지 밤이 이슥하도록 일을 해야 하고 정열을 소모시켜야 한다. 그러므로 처음 출발할 때와는 달리 인내성이 없는 여성이나 결혼을 하게 되면 도중에 그만두는 사람이 많다. 다만 기술을 수반하는 특수 직업이기 때문에 조금만 남보다 뛰어나면 경제적으로 충분히 독립할 수 있는 점이 매력이다. 국내 각 양재학원에는 국민학교 졸업 정도로 양재의 초보를 배울 수 있지만 역시 선천적인 취미와 재주 그리고 무한한 노력과 연구가 필요하다. 색채에 대한 쎈스와 미학적인 기초를 기반으로 해서.

1960년 3월 12일 〈동아일보〉「여성전선 (15) 디자이너 박윤정 양」

충무로에 위치한 예림미용고등기술학교를 졸업하고, 명동의 유명 미장원인 루비 미용실에서 근무하는 최금자는 보통 8시 반까지 출근하고 저녁 7시에 퇴근한다. 한 달 월급은 5,000원 정도이다. 그녀는 미용사라는 직업에 대해서 다음과 같이 밝힌다.

잘 되면 일한 보람 느껴, 무턱대고 유행형 쫓는 덴 싫증

요즈음엔 숏 헤어스타일을 지나 단발식 스타일을 직업여성들이 많이 원하고 있으며 주부들은 대개 업스타일을 원한다고 하는데 미용사의 입장에선 업스타일로 만들기가 쉽고 빠르다. 미용사 생활에서 가장 즐거울 때는 신부 화장을 시켰을 때, 미장원에서 들어올 때에는 별로 예쁜 줄 몰랐던 신부라도 한참 동안 매만지고 보면 인형과 같이 예뻐

질 때의 즐거움은 무엇이라고 표현할 수 없어 우쭐해 진다는 것이다. 최 양이 5년간의 미용사 생활에서 잊을 수 없는 일 한 가지는 신부 화장 값이 일천오백원인데, 팁을 팔백원이나 받은 일이 있다고 한다. 그것도 신랑이 직접 가지고 와서 정중한 인사를 했을 때의 기쁨은 참으로 멋진 삶의 의욕을 돋우어주는 순간이었다고 눈을 반짝인다. 보통날에는 그저 십원, 삼십원의 팁이 고작이지만 그럴 때마다 기쁜 것만은 사실이라고. 최 양의 봉급은 오천원, 하지만 결혼 준비를 위해 저축하고 있다. 손님들이 많이 기다리고 있는데 저마다 손님들이 바쁘다고 성화를 부릴 때에는 손끝이 잘 말을 듣지 않아서 울고 싶어진다. 그리고 때때로 손님들이 자기의 얼굴을 생각하지 않고 덮어놓고 유행 머리만을 해달라고 할 때에는 사무적으로 손님의 비위대로 해주면 그만이겠지만 그럴 수만도 없어 퍽 괴로워한다. 그것은 한 사람 한 사람에게 돈을 받았다는 생각에 앞서서 그 여성만이 가지는 개성의 아름다움을 살려주지 못하면 마음속이 꺼름하여 이상하다고 한다. 미용사 생활에는 많은 괴로움이 뒤따르지만 그보다 머리를 매만진다는 기쁨이 더 앞서기 때문에 최 양은 결혼을 하더라도 가정에 그대로 파묻히지 않고 일을 하겠다고 했다.

1964년 2월 5일 〈동아일보〉「직업여성의 애환 (6) 미용사」

미용사 최금자는 최근 유행하는 헤어스타일을 간단히 소개하며

여성, 명동을 만들다

"예쁜 줄 몰랐던 신부가 인형과 같이 예뻐질 때"와 팁을 받을 때 즐거움을 느낀다고 전한다. 괴로운 때는 "손님이 바쁘다고 성화를 부릴 때" 혹은 "자기의 얼굴을 생각하지 않고 유행 머리만 해달라고 할 때"다. 그러나 그녀는 "결혼을 하더라도 가정에 파묻히지 않고 일을 계속 하겠다"라고 포부를 드러냈다.

한편 종로 세븐 미장원에서 근무하는 미용사 최종순(26세)은 미용사 시험을 치르고 열아홉에 미용사가 되었다. 그녀는 미용사의 수가 지속적으로 증가하면서 경쟁이 더욱 치열해졌다고 말한다. 그러면서 얼굴 마사지와 전신 마사지, 매니큐어, 여드름 치료 등 미용 상식까지 아우르는 풍부한 지식과 우수한 기술을 갖춰야 할 필요가 있다고 강조했다.[20]

당시 명동에 들어선 양장점과 미장원에서 근무하는 여성의 수는 각 10여 명 정도였다. 양장점에는 디자이너를 비롯하여 재단사, 재봉사(미싱사), 종업원, 그리고 '시다', 즉 심부름을 하는 사람들로 구성되었다.[21] 디자이너는 이름 그대로 옷의 디자인을 담당하고, 재단사는 마름질을 전문으로 하며, 재봉사[22]는 옷 짓는 일, 즉 재봉틀을 이용하여 옷을 박는 일을 한다. 시다는 일본어로, 재단사나 재봉사를 도와서 잔심부름을 맡았다.

명동의 양장점에서 근무했던 양재사 곽정희에 따르면, 재봉사 한 명이 보통 시다 세 명을 데리고 일했는데, 시다는 주로 단추 달기, 숯불 피우기, 다림질하기와 같은 일을 나누어 맡았다. 1950년대 중반까지만 해도 명동의 양장점에서 재봉사로 근무하는 남성의 수가 여성보다 많았지만 점차 여성이 늘어났다. 남성 양복이 여성 양장에 비해 일찍 대중화되었기 때문에, 양재 기술을 익힌 남성 기술자들이 인력이 부족한 양장점에서 근무했던 것이다.

미용실의 규모에 대해서는 1960년대에 스왕 미용실에서 근무했던 미용사 김영남이 자세히 소개해준다.

> **김영남** 마사지실의 기구와 의자는 모두 불란서제로 수입을 해왔어요. 한영정 원장님은 결혼한 여성이었는데, 건물을 아예 지어서 1층에는 화랑, 그림 재료를 판매하는 곳으로 하였고 2층은 미용실로 만들었어요. 머리하는 데와 마사지실이 따로 있었어요. 마사지실은 얼굴과 팔만 하는 곳으로 퇴폐하거나 그러지 않고 아주 깔끔했어요. 그리고 3층은 살림집으로 사용했고요. 그때 거울은 모두 여섯 개가 있었고, 그렇기 때문에 미용사는 여섯 명 이상이었죠. 그리고 마사지실을 담당하는 사람 한 명과 네일을 담당하는 사람 두 명이 있었고요. 마사지실에는 다이가 네 개 정도 있었어요. 이 정도 규모는 당시로는 상당히 큰 편이었죠.

미용사의 업무는 헤어와 마사지, 손톱 손질 등으로 세분화되어 있었다. 기본적으로 헤어를 담당하는 미용사가 6명이고, 마사지를 담당하는 미용사 1명, 손톱 손질을 담당하는 미용사 2명, 보조로

**여성, 명동을 만들다**

업무를 도와주는 여직원까지 포함한다면 당시 스왕 미용실에는 10명 정도가 근무했다.

### 열악한 노동조건

겉으로는 화려해 보이지만, 양재사와 미용사의 노동조건은 그리 좋지 않았다. 1967년 6월 〈여원〉에 실린 「양장점 종업원, 마네킹과 함께 사는 세계」라는 기사는 양장점에서 고객을 직접 상대하는 종업원의 업무를 다루었다. 이들은 아침 8시부터 저녁 9시까지 하루에 12시간 이상을 근무하였으며, 일 년 중에 1월과 8월에 가장 바빴다. 한 달에 쉬는 날은 단 두 번뿐이고 휴가는 여름에 일주일, 겨울에 일주일이 전부였다. 퇴직금을 주지 않는 곳도 있다. 다음 기사에서는 명동의 양장점에서 근무하는 디자이너가 하루 13시간 이상 근무하며 휴일도 없이 혹사당한다며 해결책을 묻고 있다.

**디자이너 박인희**  명동에 있는 모 양장점 디자이너입니다. 13시간 노동에 휴일 없이 일하고 있어 건강이 말이 아닙니다. 우리들도 공휴일쯤은 쉴 수 없을까요.

**보사부 노동국**  근로자 16명 이하를 수용하고 있는 사업장은 근로기준법의 혜택을 받지 못합니다. 기업주와 가족적인 분위기에서 공휴일은 쉴 수 있게 합의해보십시오.

1963년 4월 12일 〈동아일보〉 「혹사당하는 디자이너」

담당 부서인 보건사회부의 노동국은 틀에 박힌 대답을 할 뿐이다. 이를 통해 양장점에서 근무하는 여성들의 노동조건이 상당히 열악하였음을 예상할 수 있다.

미용사의 처지 역시 별반 차이가 없었다. 다음 글은 남편과 사별한 미용사의 고충을 담고 있다.

> 미용사들은 대부분 위가 나쁘거나 위병이 있는 게 보통이에요. 왜 그런지 아세요? 식사 시간을 지키지 못하는 데 그 원인이 있다고 해요. 아침도 안 먹고 손님이 오는 대로 점심 때도 넘기고 지쳤을 때 겨우 허겁지겁 밥을 먹기가 일수거든요. 식사 시간을 지킬래야 지킬 수가 없게 되어 있어요. 손님이 때를 가리지 않고 오거든요. 그리고 오는 사람마다 모두가 바쁘대잖아요. 배가 고프든, 기운이 없건 그냥 손발을 놀려야만 되거든요. 일류 미용사치고 위병이 없는 사람이 없다고들 하니 정말 겁이 나요.

1961년 7월 〈여원〉
「특집 : 직업여성의 기쁨도 슬픔도, 미장원의 거울에 비친 희망」
(유순임, 새마을미장원 미용사)

손님이 때를 가리지 않고 갑작스레 찾아오기 때문에 식사를 거르는 경우가 많고, 허기가 지거나 지쳤을 때 허겁지겁 먹기가 다반사라는 것이다. 이 때문에 미용사들은 대부분 위가 나쁘다고 전한다. 보통 개인이 작은 규모로 미용실을 운영하기 때문에, 부당한 대우를 받아도 미용사들이 제대로 문제를 제기하기 어려운 구조였다. 미용실에 취직한 학생들의 딱한 하소연에, 예림여자고등기술학교장 임형선은 '물지게를 지는 미용사'(1959년 7월 〈여원〉)라는 제목의 글을 써서 미용사의 어려운 실태를 알리고 업주들의 변화를 촉구하였다. 미용실을 관리하는 보건 당국

의 정책이 뒤따라야 하며, 특히 미용사들의 과다한 노동시간을 정부가 법적으로 규제해야 한다고 강조한다. 또한 여성계도 이 문제를 해결하기 위한 관심을 가질 것을 당부하였다.

1967년 3월, 명동과 종로에 자리한 유명 미장원에서 7, 8년의 경력을 가진 미용사들이 모여 좌담회를 열었다. 조희 미용실, 세븐 미용실, 센추리 미용실, 스왕 미용실, 루비 미용실에서 일하던 이들로, 당시 미용실의 노동 실태를 단적으로 보여준다. 미용사들은 무엇보다 업주들이 공공연하게 노동법을 무시한다고 지적했다. 한 달에 두 번밖에 쉬지 못하고, 다른 미용사들을 만날 수 있는 여건이 안 되어 서로 단결할 기회조차 없다는 것이다. 즉, 근무시간에 얽매여 자신들의 노동권 향상을 요구할 처지가 못 된다는 말이다. 1965년에 미용사들이 미용사협회를 결성하려고 했으나 실패로 돌아갔으며, 주도했던 미용사들이 해고당한 일도 있었다. 근무시간이 오전

8시경부터 저녁 7시경까지라고 해도, 손님이 출근하는 길에 아침 일찍 미장원을 들르거나 저녁 늦게 미장원을 들르는 경우가 많아 근무시간이 정해져 있지 않다는 것이다. 미용사들은 시간제로 일을 하거나, 휴식 시간만이라도 어느 정도 확보되기를 원하였다.[23]

같은 해 12월에 여성문제연구회는 서울 시내 미용사 300명을 대상으로 실태 조사를 실시하였다. 그 결과에 따르면 하루 노동시간이 11~12시간인 경우가 26퍼센트로 가장 많았으며, 오전 7시에 개점해서 밤 10시에 폐점하는 것이 보통이었다. 하루 중 휴식 시간은 두 시간 정도밖에 되지 않았으며, 이들의 요구 사항은 매주 1회씩 휴일을 달라는 것, 휴식 시간을 자주 갖게 해달라는 것이었다. 탈의실이 없는 미장원이 64퍼센트였으며, 작업장에서 숙식하는 미용사가 43퍼센트나 되었다. 그리고 미용사 대부분이 다리 신경통과 위병을 직업병으로 들었다.[24]

양재와 미용에 관한 여성들의 관심이 높아지면서, 학원이나 학교에서 기술을 배워 취업을 하거나 이런 교육 기관을 거치지 않고 바로 양장점이나 미용실에서 밑바닥에서부터 일을 하며 기술을 배우는 이들이 많아졌다. 이러한 변화가 여성들의 경제적 자립에는 많은 도움이 되었을지 몰라도 여성 노동자의 근로조건을 개선하는 데는 별로 도움되지 않았다.[25] 여성의 노동환경에 대한 사회적 무관심 속에서 이들은 많은 희생을 치를 수밖에 없었다.

1950~1960년대는 가족의 생계를 위해 여성들이 공적 영역에서

여성, 명동을 만들다

활발한 사회 활동을 시기인 동시에, 가정으로 돌아가 아내로서, 어머니로서의 역할에 충실할 것을 여성들에게 촉구하는 가부장적인 이데올로기가 강화된 시기이기도 하다. 정비석이 쓴 소설 『자유부인』이 큰 인기를 얻고, 이어서 제작된 한형모의 영화 〈자유부인〉이 장안을 뒤흔들어놓았다. 직장 생활이 여성을 허영과 타락에 빠지게 한다는 논리를 앞세우며, 직장이라는 공적 영역에서 가정이라는 사적 영역으로 되돌아갈 것을 주문하는 목소리가 높아졌다.

특히 1960년대에는 여성을 공적 공간에 배치하는 문제, 여성의 사회적 주체화가 매우 중요한 이슈였다. '조국의 근대화'라는 국가 차원의 과제가 있었기 때문에 여성의 노동력을 가정이라는 사적 공간에 묶어둘 수만은 없었기 때문이다. 여성성의 의미를 자연화하려는 성 역할 이데올로기와 함께 근대화의 사회적 실천 속에서 여성을 새롭게 정의하고 정치 참여와 사회참여를 강조하면서 국민화하려는 욕망이 중첩되어 나타난 시기였다.[26] 이러한 분위기 속에서 양재와 미용은 여성성과 밀접하게 연관된 분야이자, 여성 고객을 대상으로 한 직업이라는 점에서 사회적으로 어느 정도 용인되었다.


## 생활을 문화로 만든 사람들

이 시기는 대한민국 양장사洋裝史에서 대중화가 본격적으로 진행되던 때였다. 국내에서 생산되는 옷감이 제한적이고 질도 좋지 않아서 주로 외국에서 옷감을 들여오던 시기였다. 옷감을 구하기 어려웠기 때문에, 옷을 수선하는 능력은 상당히 유용했다. 여성들은 기술을 배워서 옷을 수선하거나 직접 만들어 입었다. 또 영화와 같은 매체를 통해 접하는 외국 배우를 따라 최신 유행 스타일로 입고 싶은 여성들의 욕망도 양재에 대한 관심이 커지는 데 영향을 미쳤다. 이러한 분위기를 고려하여 여성지들은 양재에 관한 정보를 다양하게 제공하였다.

### 강습회와 패션쇼

양장계의 대모로 불리는 최경자는 〈여원〉 초창기부터 양재 지상강좌를 실시하였다. 옷본에 대한 설명과 옷본의 기본 원형을 활용하는 방법, 이를 토대로 제작한 옷을 가봉하는 방법, 여성들이 자주 입는 블라우스와 스커트 만드는 법 등을 소개하였다.[27] 여기서 소개하는 디자인은 아주 기본적인 양장 스타일이자, 여성이 가장 많이 입는 스타일이었다. 여성지에 실린 양재 정보는 가정주부나 여학생들에게는 물론, 양장점에서 근무하거나 옷을 수선하는 곳에서 일하는 여성에게도 큰 도움이 되었다.

이뿐만 아니라, 여성지는 미용에 관한 정보를 제공하고 독자란을 통해 상담을 하며 여성들의 궁금증을 해소해주었다. 식민지 시기 화신 미장부와 엽주 미용실에서 근무한 뒤, 그 경력을 바탕으

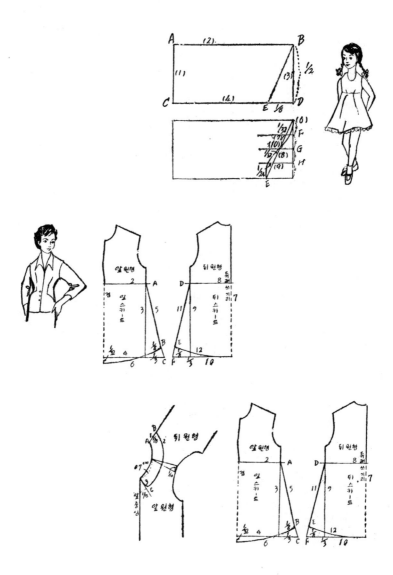

「양재 지상 강좌」〈여원〉 1956년 2월호

로 미용학교를 세웠던 임형선은 양장계의 최경자와 더불어 미용계의 대모로 여겨졌다. 임형선은 피부 관리, 머리 손질, 화장법 등을 소개하였으며, 1957년부터 〈여원〉에서 거의 20년 동안 미용 상담을 진행하였다.

다음은 1957년 9월 〈여원〉에 실린 미용 상담이다. 서울, 대전, 경북, 경남 등 지방에 거주하는 여성 독자 다섯 명이 세숫비누의 종류와 피부를 매끈하게 관리하는 법, 머리숱을 많게 하는 법, 변색한 뺨을 관리하는 법 등을 질문하고 있다.

**문 1** 지금 우리나라에서 판매하고 있는 세수비누 종류에서 어떤 것이 제일 질이 좋은지요. 그 이름을 좀 가르쳐주셨으면 합니다.

**문 2** 좋은 화장품이나 약용 화장품은 그 당장은 좋아져도 나중에 그것을 바르지 않는 경우 더 흉하게 된다 하니 그게 사실인지요.

**문 3** 고데를 많이 하면 머리 질을 나쁘게 한다고 하지요. 미국 같은 데서는 그렇게 하지 않아도 약용으로써 고데 이상으로 각기 가정에서 '웨이브'나게 할 수 있다는데 서울에도 그렇게 하는 미장원이 설치되어 있지 않습니까?

**답 1** 세수비누 즉 화장비누는 거품이 잘 일고 알카리성이 강하지 않고 좋은 향료를 넣은 것을 고급품이라 합니다. 값이 비싸고 안 비싼 것은 주로 향료 관계입니다. 지방질인 분은 알카리성이 약간 강해도 무관합니다.

**답 2**  화장품이나 약용 화장품을 사용한다고 당장에 효과를 기대할
수는 없습니다. 계속해서 사용하므로써 효과가 나타납니다. 중단을 했
다고 역효과가 나는 일은 절대로 없읍니다.

**답 3**  '고데'의 열이 과하면 당장에 머리칼을 늘러버립니다. '고데'
대신 '셋트'를 하면 머리를 늘릴 위험은 없읍니다마는 '셋트'는 파―마
를 한 머리가 아니면 아니되고 '고데'는 생머리에 할 수 있는 편리가 있
읍니다. '웨이브'는 파―마를 했다고 나는 것이 아니고 '고데'나 '셋트'
를 해서 내는 것입니다. 외국에서 '고데' 대신 약품으로 '웨이브'를 낸
다는 것은 '콜드파―마'를 말하는 것인데 이것은 국내 어느 미장원에
서도 사용하고 있읍니다. 머리를 상하는 것은 '고데'보다는 오히려 '콜
드파―마'약입니다. 파―마한 후 세발洗髮 후 '핀·컬'을 취침 전 해두었
다가 이튿날 부―랏싱하십시오.

1957년 9월 〈여원〉 「미용실」(임형선)


　미용 정보를 얻을 수 있는 통로가 제한적이었던 당시 여성들에게
여성지의 미용 상담란은 유용했다. 기사의 말미에는 "독자의 절대
하신 청에 의하여 지난 호부터 '미용실'을 신설, 예림미용고등기술
학교장 임형선 여사께서 담당하고 계시니 이용해주십시오"라며 상
담란을 만든 이유를 밝히고 있다. 1963년부터는 '뷰티쌀롱'이라는
제목으로 바뀌었으며, 「복식쌀롱」 「여원병원」 등의 코너도 신설되
어 여성 독자의 궁금증을 해결해주었다.

한편, 신문사와 여성지를 제작하는 출판사에서는 양재와 미용 강습회를 실시하였다. 서울 YWCA 주최, 동아일보의 후원으로 '하기 재단 실습 양재 강습회'가 1956년 7월 25일부터 한 달간 명동의 YWCA 회관에서 가정주부와 학생 등을 대상으로 실시되었다. 최만실 춘추 양재 전문학원 원장이 지도하였으며, 강좌에 참석한 여성들은 "재단 및 가정에서 필요한 각종 제품 제작 및 의생활에 있어서 합리적이고 경제적인 실습을 통하여 일반 가정 생활면에서 비익裨益된 바가 많다"라고 평가했다.[28] 대한복식디자인협회에서도 1961년 9월 25일부터 10월 4일까지 명동의 국제 복장학원에서 참가자들에게 5,000환씩 회비를 받고 '추동복의 새로운 디자인과 재단법'을 강습하였다.[29]

월간 〈주부생활〉에서는 1959년 3월 30일에 충무로 3가에 위치한 예림고등기술학교에서 임형선 교장을 초대하여 꽃꽂이와 함께 무료 미용 강습회를 개최하였다.[30] 〈여원〉에서는 1958년 11월부터 가정주부, 직장 여성, 학생 등을 대상으로 미용 강습회를 정기적으로 개최하였다. 강습회 내용은 피부 가꾸기, 머리 다루기, 화장법 같은 기초적인 미용법이었으며, 정화여자고등기술학교 강당에서 권정희 교장의 강연으로 열렸다.[31]

미용사만을 대상으로 한 전문 미용 강좌도 많았다. 현대 미용 기술고등학원과 서울시 미용조합 연합회는 공동으로 을지로 입구에 위치한 현대 미용학원 강당에서 1955년 8월 10일부터 14일까지

미용과 관계된 '업자들'을 대상으로 단기 미용 강습회를 개최하였다.[32]

한편 패션쇼는 대중들의 호기심을 이끌며 양장의 대중화에 크게 기여하였다. 1953년 7월 시공관에서 첫 번째 패션쇼가 진행되었으며, 1956년에는 서라벌 양재학원에서 코스튬쇼Costume Show를 동화 백화점에서 개최하였다. 최초의 미국 유학파 디자이너인 노라노는 1956년에 반도 호텔의 옥상에서 패션쇼를 열었다. 당시 노라노의 패션쇼는 많은 관심을 받았다.

### 외국과의 교류

명동에서 양장점과 미장원을 운영하던 여성들은 외국과 교류하며 최신 유행을 따라잡았으며, 필요한 설비와 재료를 들여왔다. 거리가 가까운 일본과의 교류는 특히 큰 영향을 미쳤다. 양장계에서 일하는 여성들은 일본의 양재 산업을 시찰하였다. 최경자와 서수연, 한희도 등은 1955년에 일본 동경의 양장계를 살펴보았다.[33]

이뿐 아니라, 외국의 유명 디자이너가 한국을 방문하기도 하였다. 전후 경제원조를 받는 등 밀접한 관계를 유지했던 미국과도 교류가 진행되었으며, 1956년에는 샌프란시스코에 있는 양재·모델학교인 도로시 페리에 모델학교Dorothy Ferrier School of Modelling의 강사이자 유명 디자이너인 마거릿 밀러가 방한하였다.

「노라노 주최 패션쇼」〈여원〉 1957년 8월호

**위**

"제4회 노라노 패션쇼는 가장 새로운 모드를 보여주어 커다란 성과를 올렸다.
좌우에 늘어진 관객들이 응시하는 가운데 영화배우 이빈화, 김유희 양 등 7명의 모델에
의해 573점의 새로운 의상이 소개되고 있다."

**왼쪽(시계 방향으로)**

"화려한 의상에 무수한 시선을 받으며 클로즈업된 무희", "국산 포럴 앙상블",
"애프터눈드레스, 이 해 가장 유행인 하이버스트, 부드러운 넥크라인과 프리츠 스커트",
"프린세스라인 원피스".

國産뽀ー라 양장복

주인에스아인 설겨스

아루하고 드레스
이해 가장 유행인 하이네스로
와 새양 싀크라인과
부드머운 베크라인과
프릴ー프 스카ー트

**기자** 한국인을 대했을 때의 첫인상은 어떠했습니까?

**밀러** 내가 본 여성의 대부분은 서울 여성들뿐이었기 때문에 한국 여성 전반에 대해서는 얘기할 수 없지만 여하튼 젊은 한국 여성들이 거의 모두가 양장을 한 데 대해서 퍽 흥미를 느꼈습니다. (…)

**기자** 한국의 양장점을 구경해본 일이 있읍니까. 있다면 무엇을 느꼈읍니까.

**밀러** 아직 볼 기회가 없었읍니다. 한국에도 양장점이 많습니까?

**기자** 그럼요 굉장히 많습니다. (…) 최근 미국의 양장 유행은 어떤 스타일입니까?

**밀러** 미국에선 과거 2년 동안 유행에 별다른 변화가 없습니다. 유행의 형이 안정되어 있어요. 미국 사람들은 자꾸 변화하는 데 관심이 있기보다도 현재의 것을 어떻게 하면 좀 더 실질적인 형을 만들 수 있는가에 관심이 더 큽니다.

**기자** 지금 미국에서는 어떤 옷감이 유행되고 있읍니까?

**밀러** 쉽게 세탁할 수 있는 옷감이 환영을 받고 있지요. 예를 들면 다쿠롱데이크론같은 옷감이지요. 가볍고 또한 겨울에 따뜻하게 해주고 세탁 후에도 아이롱의 필요가 없는 인공 섬유가 주로 사용되는 옷감입니다. 이런 옷감을 애용하는 것은 경제적인 이유도 포함되어 있습니다. (…)

**기자** 한국 여성의 옷에 대해서 개량했으면 좋겠다고 느낀 점은 없읍니까.

**밀러** 스카트(치마)가 너무 길더군요. 땅에 끌리는 것은 역시 좋지 않으니까요.

1956년 9월 〈여원〉「색채미에 빛나는 한국 여성의 의상,

미국인 데자이너 미쎄스 밀러 인터뷰기」

마거릿 밀러는 한국의 젊은 여성들이 거의 모두 양장을 하고 있다는 사실이 놀랍다면서도, 한국 여성의 스커트가 너무 길기 때문에 이를 개량하면 좋겠다는 의견을 제시하였다. 또 미국에서는 쉽게 세탁할 수 있는 옷감인 '다쿠롱'이 환영받고 있으며, 겨울에 따뜻하며 가볍고 세탁 후에도 다림질이 필요 없는 인공섬유라고 소개했다. 이처럼 미국의 디자이너가 바라본 한국 양장계의 실태와 미국의 상황에 관한 정보는 한국에서 활동하는 여성들이 변화를 시도하는 데 좋은 자극이 되었다. 일본의 유명 디자이너 역시 한국의 복장계를 시찰하였다.

**최** 한국의 의복이라든지 양복에 대해서 이런 점은 이렇게 개선했으면 하고 느끼신 점은 없으십니까?

**원** 생활 면에서 복장에 불편하지 않은가 생각합니다. 앉았을 때는 좋으나 활동하는 데 있어서는 거치장스러울 것입니다. 물론 방이 온돌이기 때문에 그럴 것입니다마는 예절 면에서는 퍽 좋아 보입니다. 그러나 일본 옷만 하더라도 공식적인 장소 같은 데서는 좋아 보이지만 실생

디자이너 마거릿 밀러. 〈여원〉 1956년 9월호

활에 있어서는 불편한 점이 있읍니다. 차를 타고 내리고 할 때라든지 사람들이 많이 모인 곳 같은 데서는 의복이 사람 몸에 붙지 않고 다른 쪽으로 가는 수가 있거든요.(웃음)

**최** 한국의 양장에 대한 모순점 같은 것은? (…)

**원** 우리들을 초청한 측에서 우리들을 위해 고전만을 보였기 때문에 일상생활에 있어서도 한복을 입고 있나 하는 의문이 들었읍니다마는 거리에 나가보니까 모던도 많이 있었습니다.(웃음) 머리도 숏트를 하고 어떤 분들은 퍽 모던이어서 어떤 국적을 가진 사람인가 하고 의심할 정도였습니다. 몸에도 맞고 퍽 아름다왔고…… 여성은 아름다워야 한 다는 것이 본연이겠지요.(웃음) 그러나 그렇게 되면 남성 쪽에서 역시 증오가 나옵니다.(웃음)

1962년 5월 〈여원〉 「대담 : 한국여성 본 대로 느낀 대로,

최경자 디자이너, 원 노브꼬 디자이너 일본 원 양재학원장」

한국 양장계를 대표하는 최경자는 일본의 하라原 양재학원의 원 장인 하라 노브코原信子와 대담을 가졌다. 이 자리에서 한국 여성 의 옷차림에 대한 인상과 개선할 점에 대해 질문하였으며, 일본의 양장계는 어떻게 유행을 받아들이는지 등에 대해 대화를 나누었 다. 이러한 자리는 한국과 일본 양장계의 상황을 비교해 봄으로써, 한국의 양장계가 어떠한 전망을 앞에 두고 나아가야 할지 상을 그 리는 데 도움이 되었을 것이다. 그리고 1963년에는 최경자가 운영

하는 국제 문화 복장학원에서 일본 문화 복장학원과 '연쇄교' 즉
자매결연을 맺고 우수한 학생들에게 장학금을 제공하고 기술을 가
르치기로 했다.[34] 일본과의 교류는 양장계에 종사하는 여성 사이의
교류에 그치지 않고 방직 회사로까지 확대되었으며, '한일 친선 패
션쇼'가 열렸다.

　1966년에 '화학섬유에 의한 새로운 디자인'이라는 주제로 패션
쇼가 열려 한일 양국의 양재 전문가인 최경자와 하라 노브코, 그리
고 금성과 삼호, 일신방직 등 한국 회사 11개와 일본 회사 9개가 출
품하였으며, 한국직물공업협동조합 연합회과 일본화학섬유협회 등
이 참여하였다.[35]

　미용 분야 역시 일본과의 교류가 이루어졌다. 미용 기술을 가르
치는 대표적인 학교였던 정화여자기술고등학교와 예림미용고등기
술학교는 일본과 교류하였는데, 이것 자체가 학생들을 모집하는
데 좋은 홍보거리가 되었다. 정화여자기술고등학교는 1965년에 일
본의 유명 미용사인 이나가키 사치코稻垣幸子를 초청하여 일본에
서 미용사의 사회적 지위와 유행하는 헤어스타일, 여성 미용법 등
을 주제로 강연회를 개최하였다. 그녀는 야마노고등미용학교와 국
제미용클럽의 교사이며, 동경에서 프라스만 미용실을 운영하고 있
었다.[36] 예림미용고등기술학교는 1960년대 초반에 동경크라운미용
연구회라는 곳과 자매결연을 맺고, 이를 기념으로 '한일 친선 미용
강습회'를 실시하였다. 한일 친선 모임에는 명동에서 미용실을 운

영했던 원장들과 미용협회의 임원
들이 대거 참여하였다.

옆의 사진은 친선 모임에 참여했
던 미용사들이 기념으로 촬영한 것
이다. 뒷줄 맨 오른쪽이 루비 미장
원 원장 이홍구, 바로 앞에 센추리 미용실의 김복남, 그리고 앞줄
맨 오른쪽이 예림미용고등기술학교 교장 임형선이다. 이외에도 1968
년 12월에 남산 드라마센터에서 명동의 윤희 미용실 등이 참가한
가운데 한일 친선 헤어쇼가 열렸다. 미용계에서 핵심 역할을 했던
여성들이 외국의 미용계와 교류하며 빠르게 발전한 미용기술을 받
아들여 한국 미용계의 발전에 적지 않은 영향을 미쳤을 것으로 보
인다.

한편, 1957년에 한국의 미용계를 시찰하고자 고국을 방문한 헬렌
이라는 여성은 대한미용협회의 초대를 받아 반도 호텔에서 강습회
를 가졌다. 미용사만 참석할 수 있었던 이 자리에서는 미국의 최신
미용법이 소개되었다.[37] 그녀는 한국의 미용계에 대한 자신의 소감
을 상당히 신랄하게 드러냈다. 미국에 비해서 일본의 미용계도 뒤
떨어져 있지만, 한국은 일본보다 더 뒤떨어져 있다는 것이다. 그 이
유를 낙후된 기술과 미용 재료의 부족이라고 보았다. 또 한국의 미
장원을 방문해서 고데로 머리를 지지는 것은 "구식일 뿐만 아니라,
머리카락에 해롭기 때문에 미국이나 구라파에서는 절대로 사용하

지 않는 방법"이라고 언급하였다. 이외에도 국산 화장품이 질이 좋지 못하고 질 좋은 외국 화장품은 전부 암시장에서 비싼 값에 팔리고 있으며, 폰즈라는 화장품이 한국에서 인기가 좋을지 모르지만 미국에서는 삼류 화장품이라며 한국의 열악한 제반 상황을 지적하였다.[38] 양장과 미용 분야의 발전이 늦었던 한국은 미국과 일본 등 외국과의 적극적인 교류를 통해 이를 극복하고자 하였다.

프랑스나 미국 등 외국에 나가 직접 기술을 배워오는 이들도 있었다. 미용계의 경우, 명동에서 유명 미장원을 운영하는 여성들이 단기 연수를 다녀왔다. 스왕 미용실의 한영정 원장은 1957년에 최첨단 유행의 시작점이라고 할 수 있는 프랑스 파리에 가서 미용 기술을 배웠다. 그녀는 파리에 머무는 동안 프랑스 여성들이 어떻게 멋을 내는지 소개하는 글을 보내왔다.[39] 프랑스 여성들은 자신의 개성미를 가장 잘 표현할 수 있는 디자인의 옷을 입으며 자신의 개성을 이미 잘 인식하고 있다고 언급하면서, "한국 여성들은 육체의 곡선에 무관심한데, 곡선미를 가진다면 파리 여성만큼 충분히 아름다워질 수 있다"고 강조했다. 1년 동안 파리에 머물면서 아름다움에 대한 철학을 배웠다. 한국으로 돌아온 한영정은 대한미용협회 차원에서 귀국 보고 발표회를 겸한 미용 강습회를 반도 호텔에서 개최하였다.[40]

나나 미용원의 미용사 김순복은 미용사 생활 20년 동안 얻은 기술과 경험을 바탕으로 미국, 영국, 프랑스 등지에서 1년 동안 공부하였다. 특히 프랑스의 무시바다 미용학교와 로레알 머리염색학교에서 기술을 연마한 그녀는 "선진 제국의 최신 기술과 기계에 의한 미용 전반과 신생활에 입각한 새로운 화장법 등 여러 가지 다채로운 프로를 갖고 업계와 일반 여성들에게 공개 발표"를 하였다.[41] 외국에서 배운 기술과 여성의 아름다움에 대한 서구적인 인식을 적극적으로 받아들여 한국에서 적용한 것이다.

미스코리아의 등장도 양장과 미용의 대중화에 큰 역할을 맡았다. 사회적으로 볼거리가 많지 않았던 때에 여성의 아름다움을 전시하고 경쟁하는 미스코리아 선발대회에는 수많은 구경꾼들이 몰려들었다. 여성지는 미스코리아 대회를 대대적으로 기사화하였다. 사회·경제적으로 어려운 시기에 여성의 노출에 대한 부정적인 여론까지 있어 비판받기도 했지만, 미스코리아 대회는 대체로 큰 호응과 관심 속에 전개되었다.[42]

미스코리아에 선발된 여성들은 외국에서 열리는 국제 미인대회에도 참석하였다. 한국을 대표하여 참여하는 여성을 위해 디자이너는 의상을 만들고 미용사는 어울리는 화장과 헤어스타일을 제안하였다. 국제미인대회에 참가하는 후보의 외모를 책임지는 양장점과 미장원의 원장들 역시 관심의 대상으로 떠올랐다. 1962년 10월 23일자 〈동아일보〉에는 명동 보우구 양장점의 한희도 원장이 영국에서 열리는 미인대회에 참가했다는 소식이 '여류 동정란'에 실렸다. 노라노는 1959년에 미국 캘리포니아에서 열린 미스유니버스 대회에 참여한 오현주를 위해 양단으로 드레스를 제작하였는데, L.A. 디자이너클럽으로부터 미스유니버스 대회 의상상을 받았다.[43] 미스코리아를 배출한 미장원이 대중적으로 널리 이름을 알리면서, 미용에 관한 관심 역시 사회적으로 확산되었다.[44]

### 역할 모델이 된 유명 디자이너와 미용사

1950년대와 1960년대 양장계를 이끌었던 디자이너로는 최경자, 백희득, 서수연, 최금린, 한희도, 이병복, 노라노 등이 대표적이다. 이 중에서도 최경자, 서수연, 최금린, 한희도 등은 명동에서 양장점을 운영하였다. 이들은 여성지와 신문에 최신 유행하는 디자인 정보를 제공하였으며, 외국과 교류하며 양재 분야가 발전하는 데 중추적인 역할을 맡았다. 또 양재 분야에 종사했던 여성들은 모임이나 협회를 만들어 자신들의 권익을 꾀하였다.

한국전쟁 이후 양재 기술 교육과 대중화에 앞장선 대표적인 여성은 최경자다. 그녀는 식민지 시기 일본 오차노미스 양재 전문학교에서 5년 동안 양재 기술을 배웠으며, 1937년 함흥에 양장점 은좌옥과 1938년에는 함경남도 함흥에 양재학원[45]을, 그리고 해방 이후에는 서울 아현동에 국제 양재 전문학원을 세웠다.[46] 여성지나 신문에 양재 지상 강좌를 게재하여 관련 지식을 제공했으며, 같은 분야에서 활동하는 여성들과 모임을 만들어 양장계의 발전에 기여하였다. 1961년에 명동의 계성여고 맞은편에 개원한 국제 복장학원은 패션 분야의 인재 양성소 역할을 하였다.[47] 최경자는 1950년대 중반에 이미 양장 분야에서 독보적인 존재였다. 다음 기사는 최경자가 명동에 처음 양장점을 세울 때를 회상한 글이다.

서울은 살벌한 거리, 우뚝 우뚝 솟은 앙상한 나무가지, 지저분한 기와장의 거리였다. 그저 지난날의 추억이 주마등처럼 머리를 스칠 뿐 뚜렷한 글월이 될 만한 것이 별로 머리에 떠오르지 않는다. 그 당시 빈터가 돼버린 명동 거리에 비교적 큰길을 끼고 자리 잡은 현재의 국제 양장사의 설립은 지금으로부터 7년 전의 일이었다. 처음의 목적은 양재 학원의 설립이었으나 먼저 양장점을 시작하게 되었다. 상술商術이 없는 내가 명동 거리에 양장점을 한다는 것은 좀 이상하다고 남들은 생각했던 모양이었다. 그러나 그저 손님에 대한 나의 방침을 정하고 그것으로 어느 손님을 물론하고 공손히 대하면 되리라고 믿었다. 어떤 경우를 막론하고 절대 에누리를 해서는 안 된다는 것이 내 첫 상업에 대한 소견이었다. (…) 명동 점포를 자리 잡고 얼마 안 되어 여원사의 P 기자가 잡지 모오드를 하자고 권하여 시작한 것이 요사이는 모오드의 홍수가 시작된 듯도 싶다.

1960년 11월 〈여원〉
「특집 : 여성의 인생 수첩, 최경자, 디자이너 20여 년의 회상」

성공하여 존경과 관심을 한 몸에 받는 여성이 어떻게 사회에 진

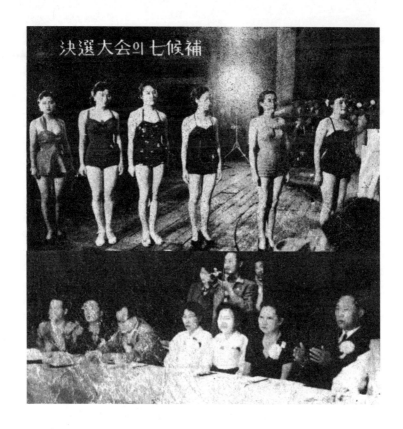

미스코리아 선발대회 심사 장면과 당선자들. 〈여원〉 1957년 7월호

양장, 수영복, 한복을 입고 대회에 참여하는 여성들과 심사위원들.
미스코리아 선발대회는 미인에 대한 사회적, 공식적 기준이 생겨나기 시작한다는
것을 의미했다.

출하게 되었는지 그 과정을 소개하는 이와 같은 기사는 여성지에 계속해서 등장했다. 최경자는 유유산업의 비타엠 광고를 가족들과 함께 찍은 적이 있으며[48], '나의 의식주'라는 제목으로 개와 함께 사는 집 안의 모습, 양장을 입은 옷차림, 가족과의 함께 식사하는 모습 등 다양한 일상을 화보로 촬영하여[49], 당시 여성의 삶의 지향점을 제시하기도 했다.

패션쇼를 개최하여 패션에 관한 대중적인 관심을 불러일으킨 여성으로 노라노본명 노명자가 있다. 1948년에 미국 유학을 떠나, 1952년 명동에 양장점 노라노의 집을 열었다. 그 이전에도 패션쇼는 열렸지만, 그녀가 개최한 패션쇼가 최초라고 오랫동안 소개될 만큼 주목을 받았다. 노라노는 1962년에 '아시아 태평양 영화제'에 참석하는 영화배우 최은희, 황정순, 김지미, 엄앵란, 도금봉, 문정숙에게 의상을 제공하였다. 또 1963년에 기성복 패션쇼를 여는 등 디자이너로서 자신만의 브랜드와 이미지를 구축하며 활발하게 활동하였다. 패션쇼를 통한 작품 발표는 물론, 신문이나 잡지에 양장을 소개하였다. 1957년 8월부터 1958년 1월까지 '생활미의 창조'라는 제목으로 〈조선일보〉에 양장과 속옷에서부터 구두, 액세서리, 향수, 넥타이, 스카프, 메이크업, 파티옷 차림 등 여성 복식에 대한 전반적인 내용을 기고하였다.[50] 노라노는 여든이 넘은 나이에도 현역으로 활동하고 있다.

1950년대와 1960년대 양장계에서 두각을 나타낸 여성들은 식민지 시기 일본으로 유학 가서 양재를 공부했거나, 해방 이후 프랑스나 미국 등 서구에서 공부를 하고 돌아온 이들이다. 양장계의 대모라 할 수 있는 국제 양장사의 최경자와 아리사 양장점을 운영한 서수연은 식민지 시기에 일본에서 양장 기술을 배워왔다. 당시 여성의 양장은 남성 양복에 비해 보편화되지 않았기 때문에, 양재 기술을 일본에서 배워오는 것이 거의 유일한 방법이었다. 그리고 백희득은 프랑스 파리에 있는 게르라비뉴 고등양재학원에서 '테불식' 재단과 입체재단을 배우고 1960년에 돌아와 크리스티나 양장점을 열었으며,[51] 보오구 양장점을 개업한 한희도는 무궁화 양재학원에서 본과와 연구과를 마친 뒤 미국과 프랑스에서 양재를 공부하고 돌아와 1958년 6월에 양장점을 개업하였다.[52] 이병복 역시 프랑스 파리로 유학을 가서 조각과 디자인을 배웠다. 여성들은 1950년대를 전후로 서구로 유학을 가 패션 공부를 일찍부터 시작했다. 한국 양장계가 이른 시기부터 외국 유학을 통해 새로운 것을 받아들이며 발전해왔음을 보여준다.

미용계 역시 미용학교와 미장원을 운영하는 여성이 주요한 역할을 하였다. 여성지에 미용 정보를 제공하는 등 미용 분야의 대중화를 위해 활발하게 활동했던 여성들로는 임형선, 김경애, 권정희, 한영정 등이 있다. 이들 중에서도 임형선은 전후 미용계에서 가장 활발히 활동하였다. 식민지 조선 최초의 미용실인 엽주 미용실에서 오엽주와 함께 일했으며, 1956년에 충무로(극동빌딩 자리 바로 뒤편)

「유행을 만드는 사람들, 한국의 디자이너」〈여원〉 1963년 10월호

**위 오른쪽**
최경자 : "생활에 맞게 하는 데 중점을 두고 동양적인 드레스 제작에 각별한 관심을
두고 있다."
**옆(시계 방향으로)**
백희득 : "디자인의 특징은 어두운 색의 복지로서 시크한 실루엣을 나타내는 데 있고
따라서 고객은 화사한 중년 여인들이 대부분이라고 한다."
최금린 : "단조로운 선으로 맵시를 찾는 데 초점을 두는 듯, 고객은 대개 직업여성이다.
실내장식의 디자이너이기도 하다."
이병복 : "유행에 무관심하고 옷에서의 개성미를 찾는 데 주력하는 특징이 엿보인다."
서수연 : "짧은 대화로 손님의 타입을 알아채고 그 특유한 무드를 살려 디자인하는
것이 요령이죠."

白喜得

崔金鱗

徐壽延

李秉福

에 미용학교를 세우고 미용 기술 교육에 투신하였다. 그녀가 세운 학교가 명동에서 가까웠기 때문에, 명동의 미장원 업주들이나 미용조합 연합회는 그 학교에서 모임을 열었으며 졸업생들은 대부분 명동의 유명 미장원에 취업하였다. 특히 임형선은 여성지나 신문, 텔레비전 방송에서 미용 정보 소개 및 상담을 오랫동안 하였다. 이뿐 아니라 언론사에서 개최한 공개 미용 강좌, 대학에서 열리는 미용 강좌 등 미용과 관련한 다양한 사회 활동을 함으로써, 미용 교육의 확립과 미용의 대중화에 기여하였다.

임형선은 당시 '자수성가한 여성' 혹은 '입신한 여성'으로 사회적인 인정을 받았다. 전쟁 이후 여성의 사회 진출에 대한 관심이 높아진 시기에 여성도 자신의 능력과 노력으로 성공할 수 있다는 가능성을 보여주는 대표적인 사례였다. 사회적으로 인정과 존경을 받게된 임형선은 유명한 여성 명사들이 모이는 좌담회에 초대되는 등 미용계를 대표한 여성 인사로서 역할을 해나갔다.[53]

또한 명동 근처에서 정화미용고등기술학교를 열어 운영했던 권정희가 있다. 그녀는 식민지 시대에 일본의 오사카에 있는 데루미 미용과학연구소에서 미용 기술을 배웠으며, 졸업 후 도쿄, 나고야, 베이징, 상하이 등지에서 미용사로 근무하였다. 해방 후에는 원산에서 미장원을 개업한 적이 있었으며, 한국전쟁 당시 부산에서 서울미용학원을 운영하였다.[54] 이것이 정화여자고등학교의 시초가 되었다. 권정희는 여성지에 많은 글을 기고하며 임형선과 마찬가지로 미용의 대중화에 기여하였다.

양장계와 미용계에서 활동했던 여성들은 직업의 특성상 대중과 접촉할 기회가 많았고, 소비문화가 급격하게 발전하면서 더욱 두각을 나타냈다. 여성들에게 진입 문턱이 낮아 여성들이 주로 활동했던 양장계와 미용계에서 유명 디자이너와 미용사는 일반 여성들의 역할 모델이 되었다.

# 5 문화 공간이 나의 정체성으로

## 여성이 만드는 여성의 공간

당대를 살아가던 여성에게 명동은 소비 공간과 노동 공간인 동시에, 그 이상의 공간이었다. 자신들의 일상과 긴밀하게 연결된 곳이었으며, 심정적으로 더욱 유착된 공간이었다. 이들은 명동의 양장점에서 새로 옷을 맞춰 입고 미용실에서 최신 유행하는 헤어스타일을 따라 하며 변화를 시도했다.

**이변화** 양장점 손님은 보통 혼자서 안 오시고 친구와 함께 오는데 특히 학생들이 네 명 이상 와 몰려오면 저희는 속으로 십중팔구는 옷을 맞추리라고 생각지 않아요.(웃음)

**정진숙** 둘이 오시는 것이 제일 적당할 것이에요. 여럿일수록 의견이 제각기니까요.

**손공자** 같이 오는 친구 분들에 따라서 어떻게 되느냐가 결정되기도 하니까 저희는 그 들러리도 중해 보여요.(웃음)

1967년 6월 〈여원〉

「직장 여성 유람 좌담회, 양장점 종업원 마네킹과 함께 사는 세계」

여성들은 혼자 방문하기도 했지만, 친구들과 만나 함께 옷을 고르고 머리를 하면서 시간을 보냈다. 명동은 여성들이 교우관계를 유지하며 우정을 돈독하게 만드는 곳이자, 새 친구를 만날 수 있는 곳이었다. 을지로에 위치한 무역 회사 경리부에서 근무했던 안경숙은 퇴근 후 명동에서 친구들을 만나고는 했다. 당시 한국일보사에서 기자로 활동하던 친구가 있었는데, 그녀를 통해 새 친구를 만날 수 있었다. 이 때 사귄 친구들은 세월이 흐른 지금까지도 연락을 하고 지내면서 삶의 든든한 벗으로 남아 있다.

특히 크리스마스이브에는 일 년 중 가장 많은 사람들이 명동으로 모여들었다. 이 때문에 걸음을 걷는 것조차 힘에 겨웠다. 특히 젊은 사람들이 많았는데, 안경숙은 친구들과 함께 이 무리에 "한 몫 끼었다"는 것이다. 당시에는 크리스마스가 명절로 여겨져 친구들 모두 한복을 다 차려입었는데, 그들은 어깨를 겯고 캐럴을 부르며 명동성당 앞은 물론 명동 거리를 행진을 하였다. 명동은 온전히 그녀들만의 공간이었다. 명동은 친구들과 일상을 공유하며 우정을 돈독히 하는 등 여성들의 네트워크를 구성하는 중요한 공간이었다.

### 여성들을 위한 조직

명동성당 맞은편에는 YWCA 연합회(대한여자기독교청년회 연합회)와 서울 YWCA가 위치하여, 여성들이 명동을 드나들도록 만들었다.[1] YWCA는 1923년에 김활란, 김필례, 유각경 등 세 여성이 창

1950~1960년대 명동의 여성들(안경숙 소장 사진)

안경숙은 부산 피난 시절 직장 생활을 시작하였다. 서울로 환도한 다음 1960년대
중반까지 명동에 위치한 무역 회사의 경리부에서 근무하였다. 업무상 명동의 상공부와 은행을
드나들었으며, 치장을 위해 양장점과 미장원에 방문하였다. 퇴근 후에는 명동의 다방과
식당에서 친구들을 만났다. 그녀에게 명동은 청춘과 우정의 거리였다.

립한 단체로, 창립 당시에 사회문제로 대두된 금주, 금연, 조혼 폐지, 공창 폐지, 물산장려운동, 문맹 퇴치, 농촌 운동 등을 전개하였다. 1950년대와 1960년대에는 윤락 여성 선도 사업, 고아 구제 사업, 버스 차장 소녀들의 훈련과 초대 및 위로와 같은 사회사업과 강연회 및 강습회 등을 실시하였다.[2] 강습회에는 양재와 미용 등이 포함되었는데, 실생활에서 이용할 수 있는 기술을 가르쳐 여성들에게 도움을 주고자 하였다.

서울 YWCA 주최 본사 후원 '하기 재단 실습 양재 강습회'는 예정대로 지난 7월 25일부터 일 개월간 명동 YWCA 회관에서 가정부인, 학생 등 수강생 50여 명이 참석한 가운데 개최 다대한 성과를 거두고 8월 24일 막을 내렸다. 동 기간 동안 강사 최만실 씨(춘추 양재 전문학원장) 지도하에 재단 및 가정에서 필요한 각종 제품 제작 및 의생활에 있어서 합리적이고 경제적인 실습을 통하여 일반 가정 생활면에 비익된 바 많다고 수강자들은 말하고 있다.

1956년 8월 28일 〈동아일보〉 「성황리에 폐강 하기 양재 강습회」

이 기사는 서울 YWCA가 최만실 춘추 양재 전문학원 원장을 초빙하여 한 달 동안 50여 명의 주부와 학생을 대상으로 실시한 양재 강습회에 관한 것이다. 강습회에 참여한 여성들은 합리적이고 경제적인 실습을 통해서 가정생활에 이익이 되었다며, 그 소감을

여성, 명동을 만들다

밝히고 있다.[3] 또 미혼 여성을 대상으로 전문 강사 21명을 초청하여 하루에 두 강씩 일주일에 세 번, 한 달 동안 특별 강좌를 개최하였다. 최경자가 '복장과 액세서리', 임형선은 '미용 이론과 실습', 이태영은 '법률로 본 여성의 위치' 등을 강의하였다.[4]

이처럼 우리나라 여성 단체로서는 가장 역사가 긴 여성 단체인 YWCA는 여성들의 지위 개선을 위한 활동을 해왔다. 1970년대에 접어들면서, 소비자 고발 센터가 상설되어 소비자의 인권을 주장하는 소비자 보호 운동을 이끌어낼 수 있었던 것 역시 명동이라는 공간적 경험에서 배태된 것으로 볼 수 있다. 이외에도 명동에는 가톨릭 여성회관이[5] 있었다. 1957년과 1961년에 각각 보수 및 신축된 가톨릭 여성회관은 계성여고 뒤편인 충무로 2가에 위치하였다. 이 건물은 다양한 지역 출신의 여대생들이 머무르는 기숙사이자 가톨릭 여성 지도자와 평신도를 대상으로 교육을 하는 곳으로 이용되었다. 여성을 위해, 여성들에 의해서 구성된 조직이 명동에 위치함으로써, 이들이 명동을 지속적으로 드나들며 명동을 기반으로 네트워크와 커뮤니티를 형성할 수 있었다.

### 양장점과 미장원

한국전쟁 이후 여성들의 공적 영역 진출이 확대되면서, 이들이 일하는 직장, 특히 양장점과 미장원은 여성들의 삶에 중요한 기반이 되었다. 열 명이 넘는 동료들과 함께 일하면서, 여성들은 돈독한

정을 쌓을 수 있었다. 이런 가운데 동료에게 닥친 어려움을 도와주고 서로 나누었다.

> 대개 한 미용실에 열 명 이상 있는데 한 사람이 불행한 일을 당하지 않아요. 그러면 서로 힘을 합쳐서 그 사람의 고난을 덜어준다는 것, 또 큰일이 있을 때에는 모두 모여서 단체 행동으로 도운다는 게 즐거움이고.
>
> 1967년 3월 〈여원〉
> 「직장 여성 유람 좌담회 (1) 미용사 : 우리는 헤어모드의 마술사」

동료가 불행한 일을 당했을 때 서로 힘을 합쳐서 "고난을 덜어" 주었는데, 이러한 경험이 여성들에게는 "즐거움"이었다. 또한 미용협회가 개최하는 행사에 참여하여 시간을 보내면서 돈독해질 수 있었다. 자유공론사가 주최하고 대한미용협회가 주관하는 '미용사 가요 발표회'가 시민회관에서 열렸는데, 미용사들은 노래 공연, 코미디 쇼, 헤어 쇼 등에 참여하였다.[6] 여성들끼리 모여서 일하는 양장점과 미장원은, 남성들에 비해서 사회적 기반이 약했던 여성들이 서로 의지할 수 있는 공간이었다.

### 다양한 소비 공간

명동에는 양장점과 미장원 이외에도 다방, 제과점, 식당 등 여성을 고객으로 하는 다양한 소비 공간이 있었다. 다음 장에 실린 화보 「서울의 여인」은 일하는 여성들의 하루 일과를 다룬 것이다. 이를 통해, 1950년대와 1960년대 서울 여성들에게 명동이 어떤 곳이었는지를 짐작할 수 있다. 아침이 되면 여성들은 직장의 문을 들어선다. 기나긴 하루가 끝나면 곧바로 집으로 돌아오기도 하지만, 다방에서 하루의 피로를 씻는다. 월급을 받은 기쁨을 맛보며, 애인과 함께 차를 마시며 시간을 보낸다. 이들이 서울에서 가장 번화했던 명동을 찾아 여가를 보냈을 것으로 예상할 수 있다.

당시 명동에는 상당한 수의 다방이 들어서 있었다. 충무로와 중앙로, 명동 입구에서 명동성당에 이르는 길을 중심으로 다방이 몰렸다. 1950년대를 대표하는 다방으로는 문예살롱, 동방살롱, 은하수 등이 있었으며, 1960년대에는 갈채, 아폴로 등이 있었다.[7] 다방은 서로 안부를 묻고 이야기를 나누는 만남의 장소로서, 여성들의 일상에서 빼놓을 수 없는 중요한 곳이었다.

"길에서 동무들을 만나 한잔 따끈한 차를 마시는 즐거움. 동창들의 결혼한 이야기, 누구누구의 연애 이야기, 이렇게 이야기에 꽃을 피우면 동지를 갓 지난 겨울 해는 어느새 서산을 넘는다."

1956년 2월 〈여원〉

연인들은 다방에서 만나 저녁을 먹으러 식당으로 향하거나, 남산으로 산책을 갔다. 때로는 연극이나 영화를 보러 다방 문을 나섰

서울의 女人

「서울의 여인」〈여원〉 1956년 6월호

다. 명동에서 양재나 미용 관련 일을 했던 여성들은 개인적인 약속은 물론, 업무와 관련해 회의를 하러 다방을 드나들기도 했다. 임형선은 명동의 다방에서 미용계 여성들을 만나서, 회의를 하거나 담소를 나누었다.

1936년생인 최순애는 서울여상과 수도여자사범대를 졸업한 여성으로, 데이트를 하거나 친구들을 만나기 위해서, 그리고 문화생활을 위해서 용돈을 모아 명동을 찾았다. 그녀는 본전 다방과 돌체 다방에서 클래식 음악을 들었다.

> **최순애** 명동 잘 다녔죠. 데이트 하면 명동으로 갔지. 애들 만나면 용돈 모아서 명동에서 만나고 그랬잖아요. 제일 큰 게 본전 다방이라고 있어요. 지금 어디냐 하면요…… 충무로 통닭집하고 건너, 사보이 호텔 그 건너에 있었어요. 들어가면 사람이 안 보일 정도로 큰 다방이었어요. 그리고 이쪽으로 나와서 돌체 다방이라고 클래식 음악 들으러 거기 가서, 또 난 척하고 앉아서 클래식 음악도 듣고. 그 당시에 전혜린이 거기 살았죠, 아주. 그리고 이봉구……도 있었고.[8]

원래 차나 커피를 마시는 공간이지만, 이 시기에 다방은 음악 강좌나 전시회, 출판기념회 등 다양한 문화 행사도 개최하였다. 그리고 문학이나 예술을 하는 사람들이 상주하면서 창작 작업을 하고 출판사나 신문사의 담당자와 만나 회의를 하는 등 사무실의 기능

영 다방
제일제과
미래나 다방
다방 초생달
가락지 다방
다원옥담
청옥 다방
다방 석탑
운호 다방
리본 다방
동정호 다방
나하나 다방
애천 다방
미도리 다방
휘가로 다방
명궁 다방
소심 다방
설파 다방
부산 뉴욕제과 본점
목동 다방
케익센타
다방 모나리자
77 다방
은하수 다방
청산 다방
양과 풍년
동경제과
복 다방
청포 다방
미도파
태극당
서울 뉴욕제과
골복 다방
담담 다방
미미 다방
캔들 다방
갈채 다방
뉴욕 제과점
에덴 다방
다방 왕자
현대 다방
명동 다방
금문 다방
미문 다방
다방 경북
세느 다방
다방 하지원
새명동 다방
고려당
다방 明
청동 다방
돌체 다방
라일구 다방
팔말 다방
공락 다방
심지 다방
필 다방
신록 다방
칠성 다방
다방 르발
다방 연
샤보이 다방
백구 다방
시인의 집
일로 다방
다방 뉴퐁
은실 다방
광전 다방
아매리카 과자점
오리온 베이커리
로마 다과
부미 다방
열매 다방
향로봉 다방
가람 다방
다방 미미

다방 · 제과점 분포도

도 하였다. 이 때문에 명동에 위치한 다방은 문화 예술인들의 근거지이기도 했다. 문학에 관심이 있는 여대생을 비롯해서 젊은 여성들이 자주 다방을 드나들었다. 모윤숙, 최정희, 노천명, 천경자, 박경리, 한말숙, 손소희, 강신재 등 소설가, 시인, 화가, 연극배우를 아우르며 다양한 분야에 종사하는 여성들이 명동의 다방을 찾았다. 서울대 법대생이었던 전혜린은 음악다방인 돌체 다방을 자주 드나들었던 것으로 유명하다.[9] 연극배우였던 백성희는 1925년생으로 국립극장과 한국 연극사의 산증인이다. 명동의 다방에서 많은 시간을 보냈다.

**백성희** 국립극장 바로 건너편에 코롬방 케이크집이 있었고, 그 2층에 은하수라는 다방이 있었어요. 우리가 주로 거기서 케이크도 사다 먹고, 다방도 은하수를 많이 갔지요. 거기가 아주 전용 회의장이었어요. 국립극장 바로 건너편에 있었으니, 거기 식구들이 다 여기 다방으로 모이고, 교류도 하고 그랬죠. 모든 연극인들의 아지트 같은 그런 곳이었어요. 다방 주인은 답답했죠. 차 한 잔을 시키고 하루 종일 앉아서 회의도 하고, 사무실 전화도 다 돌리고. 장사 안 되죠, 그거. 그런데 은하수 다방, 그 사장이 아주 좋은 분이었어요. 아무리 자리 차지하고 있어도 상관도 안 하고…… 연극을 사랑한다고 할까, 연극인을 사랑한다고 할까…… 나중에 다방들이 많이 생겼는데, 뭐 내가 명동에 몇 십 년 동안 있었으니까 거기 다방들을 다 한 번씩은 가봤죠. 다방 이름들

이 다 기억은 나지 않지만.[10]

　다방과 함께 태극당과 뉴욕제과, 고려당 등 제과점 역시 명동에
서 인기가 많았다. 뉴욕제과는 명동의 시립극장 앞, 미도파 백화점
앞, 신신 백화점 안에 입점해 있어서 약속 장소로 손색이 없었다.
당시 제과점에서는 행사도 개최하였다. 서울 시내 각 대학의 여학
생회 회장이 참여한 가운데, '생활의 합리화'를 주제로 여학생 좌담

회와 강연이 태극당 본점에서 열렸다.[11] 또 국
제대회에 참가하는 여자 선수들의 환송회를 개
최하기도 하였다.[12]

　그 밖에 서양 음식점인 도심그릴, 냉면과 비
빔밥 등 한식을 팔았던 한일관과 같은 음식점
과 서점인 문예서림[13], 레코드점으로는 악보 전
문점인 대한 음악사, 부루의 뜨락, 베토벤 음악

사,[14] 그리고 전축과 확성기를 팔던 전파사 기
쁜 소리사 등이 명동을 다양한 소비의 공간으
로 만들었다. 칠성 양화점은 시공관과 내무부
사이, 즉 명동 1가 45번지에 위치하였으며,[15] 에
스카이아는 송옥 양장점 앞에 숙녀화부를 운
영하였다. 1965년에 문을 연 미성 핸드백은 명
동극장의 맞은편에 위치하였다. 새로움과 변화

를 추구하는 여성의 호기심과 욕망이 명동에서 충족되었다.

명동이 여성들의 발길을 이끌었던 또 다른 중요한 이유는 문화생활을 할 수 있는 공간이 있었기 때문이다. 당시 여성들은 명동에서 여성 국극이나 연극, 영화를 보면서 시간을 보냈다. 1950~1960년대 명동을 상징하는 문화 예술 공간으로는 명동의 한가운데에 위치한 시공관[16]과 명동극장이 있었다.

1950년대 중후반에는 여성 국극이 여성들 사이에서 엄청난 인기를 끌었다. 무대 위에서 직접 연기하기 때문에 감동이 잘 전달되고, 여성이 남자 역할을 했던 것 역시 인기의 큰 요인이었다.

**정기숙**  여자가 남장하고 나오잖어. 그런 거 꼭 가서 보고…… 국극을 보면 뭐가 좋냐면, 첫째 사람이 움직이면서 실지루 우리 앞에서 하니까, 그 감정을 실지루 본다고 우리가. 육성도 듣고. 오페라 같은 것도 있잖어. 지금도 그런 걸 많이 가서 보지만, 영화 보는 것보다 아주 더 충격적인 면은 더 있어. 국극은 여자가 남장도 하고, 여자라고 그래서 남성 역할을 못하는 게 아니라 너무 잘해. 너무 잘하고 그런데, 그런 거 보면 신기해, 정말. 사람의 능력은 계발하기에 달렸고, 정말 그 용기 있는 자만이 뭐를 쟁취한다는 식으로. 저런 분은 어떻게 여성으로서 저런 역할을 택해서 저렇게 잘할까, 그런 생각을 하면 감탄하고 오는 거야, 나는.[17]

1950～1960년대 명동에 위치한 국립극장

여성 국극은 여성도 남성처럼 무엇인가 할 수 있다는 자신감을 관객들에게 불어넣어 주었다. 이런 점에서 여성들에게 큰 호응을 받을 수 있었다. 그 인기는 대단했는데, 여성 국극에 '미쳐' 집을 나가 여성 국극 단체에 들어가거나, '광팬'이 되어 공연을 쫓아다니는 여성들도 있었다. 여배우와 여성 관객 사이의 특별한 분위기를 형성하면서 재미와 즐거움을 제공해주었다.

여성 국극이 한창 인기를 얻을 당시의 시립극장 즉 시공관에서 선을 보인 〈세공주〉와 〈여장부〉의 광고다. 출연진 중 임춘앵은 아주 인기가 많던 여성 국극 배우였다. 연극배우 같은 대사 연기력, 남성적인 제스처와 행동 연기, 뛰어난 전통 춤 실력까지 만능 엔터테이너의 조건을 모두 갖춘 국극 배우였다.[18] 1954년에 임춘앵이 출연한 〈목동과 공주〉는 대히트를 쳤는데, 국도극장 주변이 교통마비되어 기마경찰이 동원되는 소동을 자아내면서 6일 만에 4만여 명

을 동원하는 놀라운 흥행을 기록했다.[19] 여성 국극과 더불어 1950년대 중반부터 부흥기를 맞이한 한국 영화와 쏟아지는 미국 영화도 여성들에게 재미난 오락거리가 되었다. 영화 관람객 중에서 여성 관객이 큰 비중을 차지했다.

지식인 여성들은 새로운 서구 문화를 접하기 위해서 문화생활을 했는데, 경제적·

여성, 명동을 만들다

사회적으로 중상류층에 있는 이 여성들이 문화생활을 주도적으로 이끌어나갔다는 것은 부인할 수 없는 사실이다.[20] 이런 가운데 명동에서 양재사나 미용사로 일했던 많은 여성들도 여성 국극이나 영화를 보러 다녔다. 이들은 주로 휴일이나 퇴근 후 문화생활을 즐겼다.

명동의 라모드 양장점에서 근무한 곽정희는 최신 유행하는 양장을 직접 만들어 입고, 애인과 함께 시공관이나 명동극장을 드나들었다. 스왕 미용실의 미용사로 근무했던 김영남 역시 평소에는 명동에 새로 생긴 소비 공간을 드나들 만큼 여유가 없었지만, 쉬는 날에는 시간을 내서 영화를 보러 다녔다. 서울에 있는 극장이란 극장은 거의 다 가보았을 정도였다. 명동의 뒷골목에서 외화 거래를 담당했던 달러 장수들도 명동에서 문화생활을 즐겼다.

**박진근** 우리는 시공관 연극도 구경 많이 갔어. 옛날에도 우리는 〈안카 카레리나〉 〈마농〉 그런 미국 영화만 봤어. 국도극장, 시공관, 명보극장, 대한극장, 뭐 그런 데 가서도 우리는 불란서 영화, 미국 영화, 영화도 외국 것만 봤지 국산 영화는 그때도 안 봤어. 우리가 아무리 달러 장사를 하고 나이가 여든이 되어도 밖에 나와서 장사를 했지만, 수준은 높았으니깐, 외국 영화만 봤지. 〈마농〉을 두 번인가, 세 번인가 봤어. 〈안나 카레리나〉도 여러 번 봤어. 사변 전에 서울은 중앙극장서 보고, 부산 피난 가니깐 또 하더라고. 동아극장에서, 거기서 보고. 또 서

대한극장과 단성사

을 다시 오니까 시공관에서 〈안나 카레리나〉를 하더라고. 근데 이전에 봤으니까 안 봤지. 그때는 극장도 잘 갔어.[21]

한국전쟁으로 부산에 피난을 갔다가 달러 장사를 하게 된 박진근은 전쟁이 끝난 후 명동에서 달러 장사를 하였다. 그녀는 명동과 충무로 일대에 있는 국도극장, 시공관, 명보극장 등 영화관이란 영화관은 안 가본 데가 없을 정도로 다녔다. 마음에 드는 영화가 개봉되었을 때는 두세 번도 넘게 보았다. 당시 신문에는 극장에서 상영하는 영화를 안내하는 기사가 매일 실렸다. 경향신문은 '연운演芸푸로'라는 제목으로 시공관과 명동극장은 물론 서울 시내에 위치한 극장인 수도극장, 단성사, 동양극장, 영보극장, 동도극장, 광무극장에서 상영하는 영화 제목을 안내하였다. 1959년 당시 서울에는 영화관이 42개 들어서 있었으며, 이 중에서 명동 일대에는 14개가 들어서 있었다.

## 같은 공간, 다른 사람들

나는 M 거리로 발길을 돌렸다. M 거리 생각만 해도 가슴이 뛴다. 인생에 참여한 기쁨을 이 지역에서만큼 만끽할 장소도 없다.

모두 바쁘다. 활발하고 생기가 넘쳐흐른다. 나는 마음이 우울하다거나 할 때 M 거리의 이런 분위기에 젖어보려고 자주 찾아온다. 사람마다 옷 입은 것 하나하나에도 나무랄 데가 없다. 어쩌면 저렇게 사람들이 매끈할 수 있을까. 더구나 여자들의 알롱달롱 오색이 찬란한 차림에는 일종의 현기까지 느껴지지 않는가.

"카메레온!"

나는 언뜻 이렇게 중얼거렸다.

피하에 색소립과 색소세포를 가지고 있어 외계의 빛깔이 세포에 전해지면 일정한 색소립만이 선택적으로 확산 또는 집합하여 채색 변화를 이르킨다는 '카메레온', 기후와 분위기에 따라 의상을 피부 속에까지 침투시키려고 화장에 골몰하는 귀여운 '카메레온'들이다.

1956년 8월 〈현대문학〉「장장하일」(최일남)

직접 지칭하지는 않았지만 M 거리가 명동 거리임을 쉽게 알 수 있다. 최일남은 생각만 해도 가슴이 뛰고, 살아 있다는 것이 기쁨 그 자체임을 알게 해주는 곳이 명동이라고 말한다. 명동 거리에 선 사람들은 모두가 바쁘고 활발하고 생기가 넘쳐흐르기 때문에, 기분이 우울할 때 명동 거리를 찾게 된다는 것이다. 명동 거리에 선 여성들은 나무랄 데 없이 매끈하게 옷을 잘 차려입고 있어서 "카메레온" 같다.

서울 시내에서 가장 번화했던 명동에는 양재사와 미용사와 같은 직업여성, 여배우, 여대생, 상류층의 기혼 여성, 달러 장수, 다방 마담 등 다양한 부류의 여성들이 공존하였다. 수많은 사람들이 드나드는 만큼, 명동을 삶의 기반으로 살아가는 여성들이 많았다.

주로 여성들이 주도권을 잡은 달러 장수 역시 명동을 상징하는 직업여성이었다. 이들은 주로 남대문로, 주소지로는 명동2가 95번지 일대 뒷골목에서 달러와 미군표, 일본 돈 등을 뒷거래하며 이윤을 벌어들였다. 달러 장수의 황금 시절은 1950년에서 1952년 사이로 부산 피난 시절과 1952년에서 1960년 사이 환도 이후 자유당 시절이었다. 한창일 때는 오륙십 명의 달러 장수들이 명동에서 일을 하였다.[22]

달러 장수는 고향을 떠난 피난민들이 생계를 잇기 위해 시작하는 경우가 많았다. 서울 사람들은 장사를 할 줄 몰라 그냥 굶주린 채로 있었지만, 이북 지역에서 내려온 여성들은 식민지 시기부터 5일장에 나가 장사를 하는 등 수완이 좋았다. 달러 장사는 자본금이 많이 필요하지 않고 즉석에서 거래되어 자금 회수가 빨랐으며, 특별한 기술이 필요 없었기 때문에 피난민이 쉽게 돈을 벌 수 있는 직업이었다.[23]

딸라 장수 아주머니들이 많이 모이는 곳이란 서울에도 여러 곳이 있다. 명동 입구를 비롯하여 남대문 시장, 동대문 시장, 충무로 입구 등 등 비교적 쪽쪽 뺀 신사가 많이 다니는 번화가나 상거래가 많은 시장터를 그 본거지로 하고 있다. 그도 그럴 수밖에 없는 것이 앞서도 말했지만 이 딸라의 수요층이란 저마다 이재 관념에 지극히 밝고 외국 여행이다, 장사다, 밀수입이다, 날고 치는 제법 대가리 짓을 잘 하는 축들이요, 그래서 모이는 곳이란 대개 화려한 곳이니 미상불 이런 곳에 자리를 잡지 않고는 장사가 잘 안 될 수밖에 없기 때문이다. 여기저기 서성서성 섰는 품이 얼핏 보아 무엇을 잃어버리고 찾는 사람이거나 누구를 기다리는 사람들로 보이지만 저마다 두른 치마며 형형색색의 보재기를 들은 품이 나이를 먹은 여인이건, 젊은이건 거의 공통된 차림과 표정, 그리고 몸짓을 하고 있는 것으로 보아 좀 눈치가 빠른 사람이면 바로 이들이 딸라 파는 여인들이라는 것을 알아내기 어렵지 않다. 드물게는 미혼의 처녀도 섞여 있지만 대개는 기혼 부인들이 많은 것이니 그도 그럴 것이 나이가 너무 내리고는 '딸라'라는 귀중한 돈뭉치의 거래에 부적당할 뿐 아니라 사회의 이면상을 어지간히 알 만한 능력을 갖지 않고서는 이 장사란 해먹을 수 없는 것이었기도 한 때문일 것이다.

1956년 3월 〈여원〉

「딸라 시장의 여인 군상, 그들은 과연 물가를 좌우하나」


달러 장수들은 유독 언론의 많은 관심을 받았다. 이들이 당대 한국 경제에 얼마만큼 영향을 미치는지가 주된 관심거리였기 때문이다. 또한 명동에는 수많은 다방과 댄스홀, 카바레, 스탠드바, 술집 등이 들어서 있었다. 유흥과 관련된 곳은 여성들에게는 양장점이나 미장원과 마찬가지로 중요한 일터였다. 연극 연출가 임영웅에 따르면, 1950년대 말부터 비어홀 전성시대가 열렸으며 명동에는 오비스캐빈이나 명동싸롱이 유명했다고 한다. 비어홀에서는 여자 종업원이 술을 따라주었는데, 비어홀에서 일하는 여성을 '당번'이라고 불렀다. 이 여성들은 손님의 테이블에서 술을 따라주고, 말동무를 해주며 팁을 받았지만 자리에는 앉지 않았다고 한다. 한편 1960년대에 접어들면서부터는 여성을 옆에 앉히고 술을 마시는 최고급 양주 바가 명동과 충무로 등지에 생기기 시작했다. 위스키를 파는 바에서는 재즈나 샹송을 틀어주었으며, 소파마다 칸막이를 사이에 두고 젊은 여자 종업원이 술을 따라주었다.[24]

아홉 시가 되었다. 라디오에서는 국내의 뉴스의 보도가 흘러나올 즈음…… 유행의 중심부 서울 명동 거리를 중심으로 여름밤의 별 모양으로 흩어져 있는 캬바레 스텐드빠 그리고 누추하기는 하지만 월급장이의 보금자리인 대포집에서는 지금 막 피어오르는 잡담 속에 담배 연기가 얽히고 술과 여자에 도취된 흥겨운 얼굴들은 까불대는 네온의 점멸로 얼룩진다. 저녁 일곱 시나 여덟 시부터 시작한 한 잔 술이 거듭되는 동안 차츰 상기하는 술기운은 이제부터 한창 고비에 들어선다. 무수히 진열된 양주의 울긋불긋한 병들이 가장 정밀한 예술품으로 보여지기 시작하는 무렵 (…) 밤은 익어가고 '샨데리아'의 불빛은 기름진 명동 거리에서 어른거리고.

1957년 8월 3일 〈경향신문〉 「명동의 밤」

명동에는 다방 마담을 비롯하여 성적인 서비스를 하는 바의 여종 업원 등이 있었다. 1960년대로 접어들면서 60여 개의 다방과 80여 개의 바가 들어섰고, 이곳에서 일하는 여성들의 수는 더욱 증가하였다. 명동이라는 도시 공간을 배경으로 다방이나 댄스홀, 고급 요정, 음식점 등이 새롭게 형성되면서, 새로운 유형의 성적 서비스를 하는 여성들이 등장하였다.

명동에는 양재사와 미용사와 같은 직업여성, 이곳을 드나들며 소비하는 여성들, 성적 서비스를 하는 여성들 등 다양한 부류의 여성들이 공존하였다. 이 다양한 여성들은 명동을 여성의 공간으로, 즉 소비 공간, 노동 공간, 문화 공간으로 만들어냈다. 이곳에서 여성들은 자신의 익명성을 유지하면서 이전과는 다른 방식으로 자신을 표현할 수 있었다. 또한 경제적으로 자립할 수 있었으며, 국극이나 영화와 같은 매체를 통해 문화생활을 즐길 수 있었다. 소비문화의 중심지인 명동은 여성들에게 해방 공간과도 같았다. 여성들은 명동이라는 공간을 드나들면서, 서로 달랐음에도 용광로처럼 하나의 새로운 도시 문화를 만들어냈다. 이 여성들은 특히 1950년대 등장한 전후 여성, 즉 아프레걸$^{après-girl}$과 겹쳐진다. 아프레걸은 전통적 여성상을 거부하며, 물질적 쾌락을 추구하는 표상이다. 그러나 아프레걸 담론의 부상은 온갖 부정적인 기표들을 덧붙여 이들을 단죄하고자 하는 가부장적인 담론의 구성물이기도 하다.[25]

다양한 직업에 종사하고 다양한 계층에 속한 여성들이 공존하면서 가부장적인 사회에 균열을 일으키고, 여성들만의 새로운 문화를 만들어낸 것은 분명하지만, 동시에 이 여성들 사이에서는 커다란 간극이 있을 수밖에 없었다. 성적인 서비스를 하는 직업의 여성들은 그렇지 않은 여성들과 구별당하였으며, 여성들 사이에는 계급적, 계층적 격차가 존재하였다.

미용사였던 김영남은 정식 미용사가 되어 자리를 잡기 전까지 미용실에 딸린 작은 방에서 생활하였다. 이 때문에 그녀는 늦게까지 미용실에 남아 수건을 빨고, 청소하는 등 잔일을 도맡아 했다. 설날이나 크리스마스이브와 같은 대목에는 식사도 제대로 하지 못한 채, 새벽부터 밤늦게까지 강도 높은 노동에 시달려야 했다.

**김영남** 한번은 잠을 자는데, 누가 셔터 문을 두드렸어요. 아마 일곱 시쯤이었나 봐요. 직장여성(은행원)인데, 문을 두드려서 머리를 해달라는 거예요. 당시는 보통 여덟 시에 문을 열어서 여덟 시에 문을 닫았고, 나는 거기서 숙식을 해결했기 때문에 추가로 한두 시간 정도 더 일을 해야만 했어요. 당시 정시 퇴근이 어디 있나? 손님이 오는 데까지 받는 거지. 일요일에만 쉬었어요. 토요일이 평일보다는 사람이 더 많았지요. (…) 크리스마스 무렵에 밤에 옥상에 올라갔는데, 명동 거리에 사람이 꽉 찼어요. 크리스마스, 추석, 연말이면 청춘들이 너 나 할 것 없이 명동으로 몰려왔거든요. 근데 이때 미장원은 바빠 죽어요, 3, 4일 전부터. 사람들이 그때는 때 빼고 광냈던 시절이지요. 그래서 그때는 정말 바빴어요. 명동 거리는 사람으로 꽉 찼고, 그 모습을 보니 입이 떡 벌어질 지경이었어요. 대학생들이 명동에 와서 밖에 왔다 갔다 하기도 하고, 괜히. 당시 명동 이외에는 갈 데가 없었어요. 명동밖에. 그때 미장원에 하도 사람이 많이 와서, 밥도 못 먹고 일을 했어요. 오죽하면 원장이 김밥을 말아 입에 넣어주면서 일을 할 지경이었으니까. 그때는 주로 고데를 했기 때문에 시간이 오래 걸렸고, 그래서 많은 사람을 대하지 못하던 때예요.

크리스마스이브에 미용실 옥상에 올라 내려다본 명동의 거리 풍경을 보면서, 그녀는 비록 명동이라는 같은 공간에 서 있지만 그들과는 다른 곳에 두 발을 딛고 있음을 느낄 수밖에 없었다.

여성, 명동을 만들다

# 다시 한 번 불러보는 '명동'

전국 최고 공시지가, 전국 최고의 상권, 최다 외국인 여행객 방문지, 최고 보행 밀집 지역[1], 오늘날 명동을 수식하는 말들이다. 우리나라 최고의 번화가이자 유행의 1번지이지만 명동은 그에 걸맞은 주목을 받지 못했다.[2] 이러한 가운데 지난해 서울 덕수궁미술관에서 열린 〈임응식 사진전 : 기록의 예술, 예술의 기록〉에서는 사진작가 임응식이 반세기 넘게 촬영한 명동의 사람과 패션, 거리에 관한 사진을 별도로 구성하여 전시하였다. 또 서울역사박물관에서는 『명동 : 공간의 형성과 변화』라는 보고서를 발간하며, 〈서울 반세기 종합전 3 : 명동이야기〉라는 전시회를 개최하였다. 이 전시회는 한국전쟁 이후 현재까지 명동의 모습을 문화예술의 공간, 청년 문화의 발상지, 민주화의 성지, 패션과 유행의 공간으로서 주목하며 다양한 사진과 영상 자료를 보여주었다.

명동에 대한 이러한 조명은 우리가 미처 알지 못했던 명동의 모습을 '공식적인' 기록으로 남기는 일이다. 그리고 우리의 기억에서 사라진 명동을 떠올려 다시 명동을 주목하도록 환기하였다. '명동백작'이라 불렸던 소설가 이봉구의 경험과 시선으로 대변되듯이, 특히 남성 문화예술인들에게 1950년대와 1960년대의 명동은 데카

당과 낭만의 거리였다. 그 명동을 되살리는 것이 명동의 '진실'이자 '실재'이며 역사적 의미를 지닌 공간으로서 진정성을 확보하고 옛날의 명성을 되찾을 수 있는 기회인 것으로 여겨졌다. 이 가운데 여성들의 존재감은 그 중심에서 비켜나 단순한 소비 주체로, 그들 시선의 '대상'으로 여겨졌다. 그러나 명동이 역사의 주요 무대로 등장하는 과정에서 소비문화는 빼놓을 수 없으며 그 중심에 여성들이 있었다. 한국전쟁 이후 명동이 한국 사회, 특히 소비문화의 중심지 역할을 해오는 과정에서 여성의 역할은 절대적이었다. 이 책은 명동의 공간성을 재구성하며 여성이 단순한 수혜자가 아니라 그 과정에 적극적으로 참여한 존재임에 주목하였다.

명동은 여성의 일상적인 삶의 터전이었다. 여성들에게 명동은 소비 공간이자 노동의 공간이었으며 네트워크를 형성하는 공간, 문화의 공간이었다. 여성이 소비라는 행위를 실천함으로써 이전과는 다른 정체성을 형성하고 새로운 자신을 보여주는 무대와 같은 곳이었다. 명동에 있는 양장점과 미장원에서 양재사로, 미용사로 일하면서 경제적으로 자립할 수 있었고, 새로운 문화를 만들어나가는 문화 생산자이기도 하였다. 이들은 여성 사이의 연대를 기반으로 커뮤니티를 만들며, 남성들 사이의 거래로 작동하는 가부장적인 가족 이데올로기와 그 질서에 겁박당하지 않고 살 수 있는 기회와 가능성을 만들었다.

명동은 여성들에게 해방구로서 존재했다. 한국전쟁이라는 민족의 비극으로 폐허가 된 명동이 소생하여, 살아남은 자들의 슬픔과 고통을 어루만져주고 나아가 삶에 대한 의욕을 불러일으킬 수 있었던 것 역시 여성 소비문화를 통해 만들어지는 명동의 활기, 즉 생명력에서 비롯했다. 명동을 드나들던 다양한 부류의 여성들은, 이질적인 것을 하나의 새로운 것으로 만들어내는 용광로처럼 한 시대를 함께 보내면서 전후 한국 사회의 새로운 도시 문화를 만들어나갔다.

다양한 사회적 지위와 경제적 조건에 처한 여성들이 공존하면서 새로운 도시 문화를 만들었다는 점은 1950년대와 1960년대의 명동을 이해할 수 있는 중요한 측면이다. 전쟁으로 인한 '폐허'와 '허무'가 난무하는 가운데에서도 여성들은 부딪쳐 싸웠고 도전하였다. 여성이라는 이름으로 명동에 모여들어 이곳에서 많은 것들을 공유하였다. 동시에 여성들 사이에 존재하는 차이와 그 간극을 알아가기도 했다. 한국 사회에서 1950년대와 1960년대의 명동처럼 다양한 연령대와 사회적·경제적 차이를 보이는 여성들이 직간접적으로 한데 만날 수 있던 공간은 없을 것이다. 지금은 연령과 사회적·경제적 지위에 따라 공간적 분화가 활발하게 진행되고 있기 때문이다.

나아가 명동이 갖는 이러한 공간적 특징은 1950년대와 1960년대 한국 사회를 이해하는 바로미터가 되기도 한다. 이 시기는 '과도기'로 여겨지면서 다른 시기에 비해서 많은 관심을 받지 못했다. 그러나 명동의 여성 소비문화를 통해 당대 한국 사회가 변화와 자유,

가능성이라는 시대적 정신을 지녔음을 알 수 있다. 이와 관련하여 한국전쟁 이후 일본과 미국, 그리고 국제 정세와 자본주의 요소까지 고려하여 더 심도 있는 논의가 필요하다.

한편 전후 한국 사회의 중심지로서 화려하게 부상한 명동이 1960년대 말부터 쇠락의 길에 들어섰다. 여기에는 강남 지역의 개발과 기성복 붐이 자리한다. 사람들은 서울에서 땅값이 가장 비싼 명동을 두고 떠나기 시작했다. 특히 명동의 양장점과 디자이너들이 기성복으로 눈을 돌리면서 아이러니하게도 이것이 명동 쇠퇴의 신호탄이 되었다. 1960년대 중반 명동에서 패션 산업이 자리를 잡으면서 기성복 유행이 함께 진행된 것이다.[3] 디자이너들은 1960년대 초반부터 기성복에 관심을 기울였다. 서수연이 운영했던 아리사 양장점은 표준 체격이면 누구나 값싼 완성품을 고를 수 있는 '이지 오더부'를 아리사 양장점 2층에 신설했다.[4] 이것은 기성복으로 가는 전 단계였다. 최경자는 1964년에 미국과 일본의 기성복 업계를 시찰하고, 주문복에 비해 시간과 가격이 절약되는 기성복을 만들어 패션쇼를 개최하였다.[5] 1960년대 말에 이르러 명동 일대의 군소 양장점은 사양길을 걷게 되었으며 잇달아 문을 닫는 사태가 벌어졌다. 세금이 비싸고 임대료의 부담이 커지면서 양장점들이 어쩔 수 없이 전업하거나 이전을 하게 것이다.[6]

하지만 명동의 명성이 쇠퇴했다고 해서 여성의 공간으로서 그 역할이 퇴색한 것은 아니다. 멋쟁이 여성들은 1970년대에도 명동의

양장점과 미장원을 드나들었다. 같은 시기 명동은 레즈비언의 집결
지이기도 하였다. 사보이 호텔과 유네스코 뒤쪽에 자리를 잡았던
샤넬, PJ, 나폴레옹, 나란히 등의 다방과 레스토랑이 레즈비언들의
공간이었다.[7]

1970년대가 되면서 명동은 통기타와 맥주로 상징되는 청년 문화
의 근거지로 탈바꿈하였으며, 1980년대에는 명동성당이 민주화 운
동의 성지 역할을 하였다. 1990년대와 2000년대에 이르러 강남과
압구정, 홍대와 같은 새로운 패션과 문화의 거리가 떠오르면서 명
동의 위상이 이전에 비해 확연히 달라졌다. 이러한 변화를 목도한
명동 상권 관계자들은 예전의 명성을 되찾기 위해 다양한 시도를
했다. 그 시발점은 문화관광부가 명동 예술극장을 구입하고 시민
들에게 문화예술의 공간으로 되돌려준 것이다.[8]

오늘날 명동을 찾는 사람들은 연령대로는 20~30대가, 성별로
는 여성이 절반 이상을 차지한다. 홍콩, 태국, 중국, 일본, 싱가포르
등 주로 아시아 국가에서 온 외국인 관광객들의 방문 비율이 상당
히 높다.[9] 관광객의 상당수가 여성이기 때문에, 명동 일대에는 외국
인 여성 관광객이 선호할 만한 화장품점을 비롯하여 네일숍, 마사
지숍, 호텔 등이 증가하고 있다. 이러한 변화와 함께, 점포에서 근무
하는 종업원도 한국인은 물론 일본인과 중국인 여성으로 채워지고
있다. 세계화 추세에 따른 변화가 이뤄지는 가운데에서도 명동은
여성들의 삶에 중요한 공간이다. 이는 여성들이 명동의 변화를 구

성해가는 존재임을 의미한다.

　같은 시대, 같은 공간에서 함께했다 할지라도 누구의 경험을 중심으로 해석되고 쓰이느냐에 따라 그 공간의 역사는 달라진다. 명동은 지금도 끊임없이 꿈틀거리는 변화무쌍한 공간이며, 이 중심에 여성들이 존재한다. 명동 여성들과의 만남은 나에게 또 다른 명동의 기억을 남겨주었다. 이제 수많은 여성들의 명동에 대한 기억과 현재 진행형 이야기를 들을 차례다.

# 주

## 들어가며

**1** 박경룡·김일림·홍윤정,『명동변천사』15~17쪽(서울특별시 중구문화원, 2003)

**2** 서울 중구 명동 주민센터(http://dong.junggu.seoul.kr/dong01/d01040000.php)

**3** 서울특별시 중구 도로명 고시에 따라 중앙로는 명동 8길로 변경

**4** 서울특별시 중구 도로명 고시에 따라 명동길은 그대로 유지

**5** 서울특별시 중구 도로명 고시에 따라 충무로 1가는 명동 8 나길, 충무로 2가는 명동 8 가길로 변경

**6** 서울특별시 중구 도로명 고시에 따라 명동 1번가는 명동 4길로 변경

**7** 서울특별시 중구 도로명 고시에 따라 명례방길은 명동 10길로 변경

**8** 서울특별시 중구 도로명 고시에 따라 남대문로와 중국대사관길은 명동 2길로 변경

**9** 서울역사박물관,『명동: 공간의 형성과 변화』224쪽(서울역사박물관, 2011)


## 1장

**1** 박경룡,『서울개화백경』99~120쪽(수서원, 2006)

**2** 전우용,「종로鐘路와 본정本町—식민 도시 경성京城의 두 얼굴」〈역사와 현실〉40호, 175~180쪽(한국역사연구회, 2001)

**3** 이학동,「明洞의 構造的 解析과 再編成에 關한 研究」〈國土計劃〉10권 1호, 120쪽(大韓國土 都市計劃學會, 1975)

**4** 목수현,「'남촌'문화—식민지 문화의 흔적」『서울 남촌 : 시간, 장소, 사람』237쪽(서울시립대학교 부설 서울학연구소, 2003)

**5** 허영란,「일제시기 서울의 '생활권적 상업'과 소비」『서울상업사』526~539쪽(태학사, 2000)

**6** 목수현,「'남촌'문화—식민지 문화의 흔적」『서울 남촌 : 시간, 장소, 사람』247쪽(서울시립대학교 부설 서울학연구소, 2003)

**7** 전우용,「일제하 서울 남촌 상가의 형성과 변천—本町을 중심으로」『서울 남촌 : 시간, 장소, 사람』, 195~201쪽(서울시립대학교 부설 서울학연구소, 2003)

**8** 야노 타테키,『신판대경성안내(新版大京城案內)』(경성도시문화연구소, 1936);『이방인의 순간포착 경성 1930』(청계천문화관, 2011)에 재수록

**9** 야노 타테키, 『신판대경성안내(新版大京城案內)』(경성도시문화연구소, 1936); 『이방인의 순간포착 경성 1930』(청계천문화관, 2011)에 재수록

**10** 김병도·주영혁, 『한국 백화점 역사』 47~56쪽(서울대학교 출판부, 2006)

**11** 손정숙, 「일제시기 백화점과 일상 소비문화」 『일제시기 근대적 일상과 식민지 문화』 133~154쪽(이대출판부, 2008)

**12** 전우용, 「일제하 서울 남촌 상가의 형성과 변천―本町을 중심으로」 『서울 남촌 : 시간, 장소, 사람』 218~235쪽(서울시립대학교 부설 서울학연구소, 2003)

**13** 오복은 일본 여성이 입는 전통 의상인 기모노를 뜻하기도 하는데, 흔히 여기에서는 포목을 팔았던 것으로 보인다. 그러나 점차 양장이나 의류와 같은 품목을 팔게 된 것으로 보이며 양장점이 발달하기 이전 모습으로 볼 수 있다.

**14** 목수현, 「'남촌'문화―식민지 문화의 흔적」 『서울 남촌 : 시간, 장소, 사람』 245쪽(서울시립대학교 부설 서울학연구소, 2003)

**15** 「미용실을 들여다 본 이야기」 〈조선공론〉 25권(1937년 6월); 채숙향·이선윤·신주혜 편역, 『조선속 일본인의 에로경성 조감도』 291~296쪽(문, 2012)에 재수록

**16** 中村資良, 〈朝鮮銀行會社組合要錄〉(東亞經濟時報社, 1929년판)

**17** 오엽주는 고등보통학교를 졸업하고 교편을 잡은 경력이 있는 여성이다. 1926년에 일본인 여성이 본정통에서 운영하는 여자 미용원에서 6개월 동안 미용 기술을 배워 종로의 경성 미장원에서 근무하였다. 1927년에는 일본으로 건너가 조선 여성으로는 처음으로 일본 영화계에 진출하였다. 그 후 조선으로 돌아와 화신 백화점의 미장부와 엽주 미장원을 개업하여 운영하였다. 해방 이후에는 신세계 백화점에서 미용실을 개업하였으며, 서울시 미용사 중앙 심사위원으로 활동하였다.(김미선, 「1920~30년대 '신식' 화장담론이 구성한 신여성에 관한 여성주의 연구」, 69쪽(이화여자대학교 여성학과 석사 학위 논문, 2005))

**18** 미용사 오엽주가 1935년 12월에 종로 2정목 영보빌딩 4층에 자리 잡으며 문을 연 미용실이다. 임형선에 따르면, 일본 마츠다 화장품 회사의 지원이 있었으며, 미용실 설비와 화장품 등을 모두 일본에서 수입해왔다고 한다.

**19** 야노 타테키, 『신판대경성안내(新版大京城案內)』(경성도시문화연구소, 1936); 『이방인의 순간포착 경성 1930』(청계천문화관, 2011)에 재수록

**20** 허영란, 「일제시기 서울의 '생활권적 상업'과 소비」 『서울상업사』 528~539쪽(태학사, 2000)

## 2장

**1** 전우용, 「역사속의 명동: 명동의 역사지리학」 『명동 : 어제와 오늘』 23~25쪽(서울역사박물관·서울학연구소, 2012)

**2** 〈여원〉(1956년 1월)

**3** 목로는 주로 선술집에서 술잔을 놓기 위하여 쓰는 널빤지로 좁고 기다랗게 만든 상을 뜻하며, 목로주점은 이 목로 위에 차려 놓고 먹는 술집을 말한다.

**4** 남용협, 「서울 명동 도시 조직 변화에 관한 연구—제1중앙토지구획정리사업 충무로 지구를 중심으로」 57~63쪽(경기대학교 건축대학원 석사 학위 논문, 2009)

**5** 「팔목할 수도재건보, 삼년간에 천오백여동 동난피해복구는 쾌속조진보」 〈경향신문〉 (1954년 11월 6일)

**6** 이현정·윤인석, 「한국 근대건축의 보존과 활용—명동지역의 장소성을 중심으로」 〈서울학연구〉 28권, 84~90쪽(서울시립대학교 부설 서울학연구소, 2007)

**7** 김병도·주영혁, 『한국 백화점 역사』 112~142쪽(서울대학교출판부, 2006)

**8** 「밤의 서울 거리를 가다」 〈동아일보〉(1955년 10월 28일)

**9** 「거리의 폭군 한푼줍쇼」 〈동아일보〉(1956년 1월 16일)

**10** 「비 개인 직후의 구두닦이 작업 대성황 광경—명동 입구에서」 〈경향신문〉(1954년 2월 16일)

**11** 「명백 19년 내년부터는 8.15도 성년 (4)」 〈경향신문〉(1964년 8월 13일)

**12** 「살다 보니 18년 (1) 진고개」 〈동아일보〉(1963년 8월 13일)

**13** 「패션 50년 (4) 양장점 전성시대」 〈경향신문〉(1995년 3월 8일)

**14** 전우용, 「일제하 서울 남촌 상가의 형성과 변천—本町을 중심으로」 『서울 남촌 : 시간, 장소, 사람』 210쪽(서울시립대학교 부설 서울학연구소, 2003)

**15** '서울상계약도'(서울역사박물관 소장) 하단에 수록된 한 양장점 광고 참고

**16** 「패션 50년 (4) 양장점 전성시대」 〈경향신문〉(1995년 3월 8일)

**17** 「송옥 양장점(상점우수상)」 〈매일신문〉(1968년 12월 24일)

**18** '서울상계약도'는 1955년에 대한안내사大韓案內社에서 발행한 지도로 서울 중심가에 위치한 상점들의 위치를 표시한 광고용 약도이다. 발행 연도는 밝히지 않았지만 지도 이름 좌측에 작은 글씨로 '해방봉축10주년기념解放奉祝拾週年記念'이 표기되어 있어 1955년에 제작되었음을 알 수 있다. 황색 바탕에 흰색으로 도로를 그리고 상점들의 이름을 위치에 맞게 표시하였다. 그리고 주변에 배치된 상점 광고에는 번호를 부여한 후 지도에 번호를

표기하여 위치를 쉽게 찾을 수 있도록 하였다. 이를 통해 당시 번화가의 모습을 살펴볼 수 있는데, 종로와 을지로, 남대문로—우정국로, 돈화문로, 남대문 주변 등 큰 대로변에 상점들이 빼곡히 들어서 있는 반면, 1953년 환도 이후 확장 개통된 퇴계로에는 상점들이 아직 많이 들어서 있지 않아 대조를 이룬다. 또한 지도 주변에 배치된 광고를 보면 당시 광고주가 될 수 있는 계층인 의원, 예식장, 양복점, 미용 기술학교의 광고 등이 눈에 띈다. (http://gis.seoul.go.kr/Information/Pavilion.jsp?CAT_ID=20101221003&NUMBER=3#)

**19** 〈여성계〉(1955년 4월)

**20** 〈여원〉(1957년 6월)

**21** '광업 및 제조업 사업체 명부'(한국산업은행, 1959)

**22** '서울案內'는 대한안내사大韓案內社에서 명동 주변의 상점 위치를 표시하기 위해 만든 상계약도商界略圖의 원본으로 지도의 정식명칭은 '서울案內 —第三號 明洞篇'이다. 지도는 인쇄된 것이 아니고 광고용 사진 또한 모두 붙어 있지 않아 미완성본이며, 별도로 축척이나 방위는 표시하지 않았다. 제작 시기는 지도 제목 우측에 있는 '서울案內發刊趣旨'에 "성스러운 4. 19 일 주년을 맞이하여 모든 애로를 극복, 다시 폐사弊社의 독특한 창의품을 여러분께 드리며"라고 쓰여 있는 것으로 보아 1961년에 제작된 것으로 추정된다. 그리고 "현대 사회 생활의 신속한 활동에 도움이 될 것이며, 역사적인 우리 시대의 귀중한 기록으로서 영원히 자손들에게 전달할 수 있는 출판물"과 "전 서울을 30정도 세분하여 완성할 것이오니"라고 적혀 있어 제작 의도와 시리즈물로 제작되었음을 밝히고 있다. 이와 같은 형식의 지도는 1955년에 간행된 '서울商界略圖'가 있다. 두 지도는 도로를 직선으로 표시한 후 작은 글씨로 상점 이름을 적어 놓은 것이나 상점 광고에 별도 번호를 부여한 후 지도에 표기하는 형식이 모두 같다. 지도에는 명동 일대에 입지한 상점들이 빼곡히 표시되어 있고, 주요 은행 및 상점들의 사진이 붙어 있어 당시 명동 거리의 모습을 추적해볼 수 있는 매우 중요한 자료이다.(http://gis.seoul.go.kr/Information/PavilionPopup.jsp?mg_id=20101221075&CAT_ID=20101221003&CATTYPE=1)

**23** 어린이 전용 맞춤복 집으로 공주풍의 옷을 만들어주기도 하였다.(「100년을 엿보다 (15) 양장점」〈경향신문〉(2010년 2월 21일))

**24** 「하늘에서 본다—서울 안의 서울 명동」〈동아일보〉(1962년 10월 4일)

**25** 「서울 새 풍속도 명동 한 집 건너 하나의 洋裝店」〈경향신문〉(1971년 9월 6일)

**26** 「패션 50년 (4) 양장점 전성시대」〈경향신문〉(1995년 3월 8일)

**27** 김수진, 「여성 의복의 변천을 통해 본 전통과 근대의 젠더정치 : 해방 이후~1960년대 초반을 중심으로」〈페미니즘연구〉 7권 2호, 302~305쪽(한국여성학연구소, 2007)

**28** 식민지 시기 남성복을 만드는 양복점 광고는 수시로 등장했지만, 양장점은 보이지 않았다. 웬만한 양복점에서 여성 옷까지 만들어주었다. 1930년대 중반 기성복을 소개하는 대형 광고가 나오면서 여성복 광고도 하나 둘 나왔지만, 여성복의 종류는 여학생용 외투와 교복이 고작이었다.(김태수, 「양장—유방을 해방하자」, 『꽃가치 피어 매혹케 하라』 345~365쪽(황소자리, 2005))

**29** 김수진, 「여성 의복의 변천을 통해 본 전통과 근대의 젠더정치—해방 이후~1960년대 초반을 중심으로」 〈페미니즘연구〉 7권 2호, 293쪽(한국여성연구소, 2007)

**30** 식민지 시기에는 신문과 여성지에 엄청난 양의 화장품 광고가 실렸다. 이로 인해 미용에 관한 관심이 촉구되는 가운데, 미용사, 미장원 등에 관한 기사 역시 쉽게 접할 수 있었다.(김미선, 「1920~30년대 '신식' 화장담론이 구성한 신여성에 관한 여성주의 연구」(이화여자대학교 대학원 여성학과 석사 학위 논문, 2005))

**31** 〈여성계〉(1955년 4월)

**32** 〈여원〉(1957년 7월)

**33** 〈여원〉(1956년 1월)

**34** 〈여성생활〉(1960년 3월)

**35** 한국전쟁 당시에는 부산 창성동으로 피난을 갔다는 설명을 통해, 1950년 이전에 세워진 미장원임을 알 수 있다.(〈여원〉(1956년 9월))

**36** 〈여성계〉(1955년 2월)

**37** 〈여성계〉(1955년 3월)

**38** 종로에 위치한 세븐 미장원(원장 김경애)은 상당히 유명했다. 〈여원〉에는 세븐 미장원의 광고가 1950년대 후반에 자주 실렸으며, 김경애 원장은 신문과 여성지에 미용 기사를 여러 차례 기고하였다.

**39** 〈여원〉(1956년 7월)

**40** 〈여원〉(1956년 11월)

**41** 이 책에 실린 '이·미용실 분포도'(78쪽) '양복·양장점 분포도'(79쪽) '다방·제과점 분포도'(188쪽)는 『명동 : 공간의 형성과 변화』(서울역사박물관, 2011)에 실린 지도를 참고하여 '서울-안내, 명동 편' 지도에 다시 그린 것이다.

**42** 1956년에 창립 10주년이라는 광고를 한 것으로 보아, 1946년에 세워진 것임을 알 수 있다.(〈여원〉(1956년 6월))

**43** 〈여원〉(1960년 11월)

**44** 뉴스타일 양재점에서 부설로 세운 뉴스타일 양재학원(중구 충무로 3가 51번지)은 당시

본과, 연구과, 재단과, 재봉과로 나누어 학생을 모집하였으며, 초등학교를 졸업한 자에 한
해서 지원할 수 있었다.(《여원》(1961년 4월 ))

**45** 〈동아일보〉(1961년 4월 8일)

**46** 「부업으로서의 양재 편물 각 학원 강습 내용과 학비 안내」〈경향신문〉(1962년 9월 1
일)

**47** 「생활의 지혜 (4) 양재학원」〈경향신문〉(1965년 3월 31일)

**48** 1970년에 정화고등기술학교로 교명을 변경하고 남학생을 받기 시작했다.(김수정, 『한국
미용100년 : 개화기부터 2000년까지 한국 미용의 흐름과 유행』 202쪽(동서교류, 2005) 현
재는 정화미용고등학교(학교 홈페이지 http://www.jbs.hs.kr)라는 이름으로 바뀌었다.

**49** 김수정, 『한국미용100년 : 개화기부터 2000년까지 한국 미용의 흐름과 유행』 202쪽(동
서교류, 2005)

**50** 「미용 기초화장과 수정 미용」〈여원〉(1957년 4월)

**51** '서울상계약도'(서울역사박물관 소장)

**52** 「문화집합」〈동아일보〉(1955년 8월 10일)

**53** 〈여원〉(1957년 10월)

**54** 〈여성생활〉(1960년 3월)

**55** 「여성과 부업 기계자수 판로 넓어 유망한 업」〈경향신문〉(1963년 10월 29일)


## 3장

**1** 김미선, 「1920~30년대 '신식' 화장 담론이 구성한 신여성에 관한 여성주의 연구」33쪽
(이화여자대학교 대학원 여성학과 석사 학위 논문, 2005)

**2** 이 시기 '라사라점'이 유명하였는데, 이 라사라점은 원래 옷감을 파는 가게였다. 그러
나 옷감을 구하기 어려운 때였기 때문에, 여기서 옷 수선과 맞춤까지 하기 시작하면서 점
차 양복점의 기능을 발휘하게 되었다.(고부자, 『우리생활 100년 옷』 220쪽(현암사, 2001))

**3** 안서영, 「아프레걸의 패션 소비를 통해서 본 1950년대 한국 소비문화」82쪽(연세대 의
류환경학과 대학원 석사 학위 논문, 2011)

**4** 박완서, 「1950년대—'미제문화'와 '비로도'가 판치던 거리」〈역사비평〉13호, 106~112
쪽(역사문제연구소, 1991)

**5** 최미진, 「1950년대 신문소설에 나타난 아프레걸」〈대중서사연구〉18호, 141~142쪽(대

중서사학회, 2007)

**6** 서울에 소재한 서울대, 숙명여대 등을 다니는 여대생들이 화보 모델을 하였다.

**7** 김지혜, 「1950년대 여성국극공동체의 동성친밀성에 관한 연구」 〈한국여성학〉 26권 1호, 119쪽(한국여성학회, 2010)

**8** 전완길 외, 『한국생활문화 100년』 100쪽(장원, 1995)

**9** 한국미용예술문화원, 『이미용 연감 대전』 38쪽(한국미용예술문화원, 1999)

**10** 전완길 외, 『한국생활문화 100년』 100쪽(장원, 1995)

**11** 여성신문사 편집부, 『이야기 여성사 : 한국 여성의 삶과 역사』 255쪽(여성신문사, 2000)

**12** 「백 스테이지 (5) 분장」 〈경향신문〉(1962년 9월 5일)

**13** 오유석·윤택림, 『서울 토박이의 사대문 안 기억』 254~255쪽(서울특별시사편찬위원회, 2010)

**14** 김용미, 「해방 이후 한국 화장문화에 관한 연구」 27쪽(이화여자대학교 의류직물학과 대학원 석사 학위 논문, 1999)

**15** 「뒷모습 촌평」 〈여원〉(1959년 1월)

**16** 「거리의 양장평」 〈여원〉(1962년 9월)

**17** 신혜순, 『한국 패션 100년』 40~41쪽(미술문화, 2008)

**18** 「모피 칼라 유행」 〈동아일보〉(1961년 1월 17일)

**19** 「올봄의 의상」 〈동아일보〉(1962년 2월 21일)

**20** 김소현·염혜정, 「서울의 의생활 변천」 『서울 20세기 생활 문화 변천사』 312쪽(서울시정개발원·서울시립대학교 서울학 연구소, 2001)

**21** 김소현·염혜정, 「서울의 의생활 변천」 『서울 20세기 생활 문화 변천사』 318쪽(서울시정개발원·서울시립대학교 서울학 연구소, 2001)

**22** 강소연, 「1950년대 여성 잡지에 표상된 미국 문화와 여성 담론」 〈상허학보〉 218호, 117쪽(상허학회, 2006)

**23** 고부자, 『우리 생활 100년 옷』 233~235쪽(현암사, 2001)

**24** 실크로 된 한복 소재, 명주실로 지은 천, 비단

**25** 신혜순, 『한국 패션 100년』 41쪽(미술문화, 2008)

**26** 김소현·염혜정, 「서울의 의생활 변천」 『서울 20세기 생활 문화 변천사』 310~311쪽(서울시정개발원·서울시립대학교 서울학 연구소, 2001)

**27** 명동 엘리제 양장점 주인이자 디자이너 양금철 씨가 파리 패션 판탈롱을 입고 나타나자 주문이 쇄도하였다.(김소현·염혜정, 「서울의 의생활 변천」 『서울 20세기 생활 문화 변천

사』 320쪽(서울시정개발원·서울시립대학교 서울학 연구소, 2001))

**28** 김소현·염혜정, 「서울의 의생활 변천」『서울 20세기 생활 문화 변천사』 320쪽(서울시정 개발원·서울시립대학교 서울학 연구소, 2001)

**29** 「눈을 더욱 매력 있게 크리스마스이브의 화장」〈동아일보〉(1961년 12월 22일)

**30** 「헤어스타일 눈의 결정」〈동아일보〉(1961년 12월 22일)

**31** 임형선, 「개성을 살리는 직업여성의 화장」〈여성계〉(1955년 1월)

**32** 김미선, 「1920~30년대 '신식' 화장담론이 구성한 신여성에 관한 여성주의 연구」 47~ 50쪽(이화여자대학교 대학원 여성학과 석사 학위 논문, 2005)

**33** 「여성에게 보내는 일곱 가지 질문, 왜 그렇게 열심히 화장과 옷차림에 힘쓰는가」〈여원〉 (1956년 9월)

**34** 1911년 함북 길주군에서 태어난 임옥인은 기독교계 여학교인 함흥영생여고보를 졸업 하였다. 이후 역시 기독교계 학교인 일본 나라여자고등사범학교를 졸업한 후 함흥영생여고 보와 루씨여자고등보통학교에서 교편을 잡았고 해방 후에도 건국대학교 가정대학장을 지 내는 등 지속적으로 기독교 교육기관에서 교육활동을 했다. 이뿐 아니라 크리스챤문학가 협회 초대회장, YWCA회장 등을 역임하면서 기독교 사회 활동을 활발하게 한 문인이기도 하다.(송인화, 「950년대 지식인여성의 교육과 기독교」〈한국문예비평연구〉 36집, 476쪽(한 국현대문예비평학회, 2011))

**35** 김남조, 「화장은 본능이다 여성은 최대한도까지 아름다워야」〈여원〉(1957년 5월)

**36** 손인실, 「새로운 세대에 있어서의 여인의 반성」〈동아일보〉(1959년 1월 6일)

**37** 이룡자, 「거리에서의 느낌」〈경향신문〉(1959년 4월 5일)

**38** 김소현·염혜정, 「서울의 의생활 변천」『서울20세기 생활·문화변천사』 314쪽(서울시정 개발연구원·서울시립대학교 서울학연구소 공편, 2001)

**39** 김소현·염혜정, 「서울의 의생활 변천」『서울20세기 생활·문화변천사』 317~318쪽(서울 시정개발연구원·서울시립대학교 서울학연구소 공편, 2001)

**40** 김덕호, 「한국에서의 일상생활과 소비의 미국화 문제」『아메리카나제이션』 138쪽(푸른 역사, 2008)

**41** 김한용 작가는 당대 광고 사진의 대부분을 촬영했다고 할 만큼 많은 광고를 제작하였 다. 그가 촬영한 광고 사진에는 상류층이나 즐길 수 있는 맥주, 자동차, 골프, 스키 등이 주 로 등장하였다. 또한 인기 여배우들의 화려한 외양은 사람들의 소비 욕망을 부추겼다.

**42** 김은실, 「한국 근대화 프로젝트의 문화 논리와 가부장성」〈당대비평〉 8권, 88~89쪽 (삼인, 1999)

# 4장

**1** 이임하, 『한국전쟁과 젠더 여성, 전쟁을 넘어 일어서다』 86쪽(서해문집, 2004)

**2** 이임하, 『한국전쟁과 젠더 여성, 전쟁을 넘어 일어서다』 45~64쪽(서해문집, 2004)

**3** 「전쟁미망인들 위한 무궁화 양재 졸업식」 〈경향신문〉(1954년 5월 24일)

**4** 「돋보기」 〈경향신문〉(1955년 10월 14일)

**5** 특집 기획으로 '여성과 기술'을 〈동아일보〉에서 다룬 기사는 다음과 같다. 「미용」(1958년 11월 13일), 「편물」(1958년 11월 20일), 「간호원」(1958년 11월 2일), 「타이피스트」(1958년 12월 4일), 「전화교환수」(1958년 12월 11일), 「양재」(1958 12월 18일).

**6** 「생활의 지혜 (8) 여자 운전사」 〈경향신문〉(1965년 4월 14일)

**7** 「생활의 지혜 (4) 양재학원」 〈경향신문〉(1965년 3월 31일)

**8** 「정리 1958 여성」 〈경향신문〉(1958년 12월 20일)

**9** 임형선, 「부부 맞벌이와 우리의 현실」 〈여원〉 (1959년 3월)

**10** 미장원, 양장점, 다방 순으로 인건비를 포함한 설립 비용에 관한 소개를 하고 있다.(「직장경영안내 본사 박기자 조사」 〈여원〉(1956년 9월))

**11** 1962년에 박정희 정권은 긴급통화조치를 실시하여 환圜 표시의 화폐를 원圓 표시로 변경(10환=1원)하고 환의 유통과 거래를 금지하였다.

**12** 「양재 9개월이면 전 과목을, 삯바느질에서 고객 얻어 자립으로」 〈경향신문〉(1959년 3월 16일)

**13** 「양재 차차 지망자 늘어 진학 못하니 직업의 방편」 〈경향신문〉(1964년 1월 23일)

**14** 「미용 일 년으로 정식 자격증 화장 정발부터 미학까지 수업」 〈경향신문〉(1959년 3월 18일)

**15** 미용사 자격증은 1946년부터 정부에서 배부하였다. 경기도 보건후생부에서 제1회 미용사 자격시험을 실시하였다. 이는 "속출하는 엉터리 미용사 방지와 새로운 조선 여성미를 건설하기 위해서"였다.(「제1회 미용사 자격증 수여식」 〈경향신문〉(1946년 12월 1일))

**16** 「미용학원의 입학금과 수업료는?」 〈동아일보〉(1963년 11월 7일)

**17** 「생활의 지혜 (2) 미용 재창조되는 미」 〈경향신문〉(1965년 3월 27일)

**18** 〈여원〉(1956년 4월)

**19** 김미선, 「근대적인 '직업여성'의 여성정체성과 직업의식의 형성과정에 관한 연구—1세대 미용사 임형선의 구술생애사를 중심으로」 〈여성과 역사〉 10집, 172쪽(한국여성사학회, 2009)

**20** 「여성전선 (9) 미용사 최종순 양」 〈동아일보〉(1960년 2월 18일)

**21** 「직업여성 순례 좌담회(4) 양장점 종업원 마네킹과 함께 사는 세계」 〈여원〉(1967년 6월)

**22** 여성의 직업 중의 하나로 소개되는 봉재사에 관한 기사는 다음을 참조할 것 : 「여성 직업 훈련 (4) 봉재사」 〈동아일보〉(1973년 2월 5일)

**23** 「우리는 헤어모드의 마술사」 〈여원〉(1967년 3월)

**24** 「미용사들의 실태」 〈동아일보〉(1967년 12월 21일)

**25** 강이수, 「1920~1960년 한국 여성 노동시장 구조의 사적 변화 : 고용과 임금격차 변화를 중심으로」 〈여성과 사회〉 4호, 201~206쪽(한국여성연구소, 1993)

**26** 정영희, 「1960년대 대중지와 근대 도시적 삶의 구성―여성지 '여원'을 중심으로」 〈언론과학연구〉 9권 3호, 468~509쪽(한국지역언론학연합회, 2009)

**27** 〈여원〉에 실린 양재 지상 강좌는 다음과 같다. 「옷본 2점」(1956년 2월), 「기본 원형의 응용」(1956년 3월), 「가봉법」(1956년 4월), 「스락스 만드는 법」(1956년 5월), 「부라우스 만드는 법」(1956년 6월), 「스카트 만드는 법」(1956년 7월).

**28** 「성황리에 폐강, 하기 양재 강습회」 〈동아일보〉(1956년 8월 28일)

**29** 「복식데자인강습회」 〈경향신문〉(1961년 9월 22일)

**30** 「미용·꽃꽂이 강습」 〈경향신문〉(1959년 3월 31일)

**31** 「1회 무료 미용 강습회」 〈여원〉(1958년 12월)

**32** 「문화 집합」 〈동아일보〉(1955년 8월 10일)

**33** 최경자, 『최경자와 함께 한 패션 70년』(국제패션디자인연구원, 1999)

**34** 「국제복장학원 일본문화복장학원과 연쇄교連鎖校로 결연키로」 〈동아일보〉(1963년 7월 23일)

**35** 「초여름의 화려한 옷 잔치 한일친선패션쇼」 〈매일신문〉(1966년 6월 24일)

**36** 「18일 미용 강연회 열려」 〈경향신문〉(1965년 2월 15일)

**37** 「미용가 헬렌 여사 내한」 〈동아일보〉(1957년 5월 18일)

**38** 「기초를 배워 집에서 하도록」 〈경향신문〉(1957년 5월 27일)

**39** 한영정, 「개성미의 발견」 〈동아일보〉(1957년 1월 30일)

**40** 「미용 강습회」 〈경향신문〉(1958년 3월 13일)

**41** 「에스파스라인 등 이채, 김순복 여사 미용발표회 성황」 〈경향신문〉(1962년 1월 23일)

**42** 김용미, 「해방 이후 한국 화장 문화에 관한 연구」 27쪽(이화여자대학교 의류직물학과 대학원 석사 학위 논문, 1999)

**43** 1959년 미국 캘리포니아 롱비치에서 8회 미스유니버스 대회에 한국 대표로 참가한 미스코리아 오현주는 세계 무대에서 전례가 없을 정도의 명성과 인기를 독차지했다. 당시 대회에서 인기상, 연설상, 스포츠맨십상을 휩쓸었다. 오현주가 입은 아리랑드레스는 노라노가 화랑복에서 착안하여 제작한 것이다.(신혜순,『한국패션100년』 50쪽(미술문화, 2008))

**44** 미스코리아와 미장원과의 관계가 밀접해지고 상업화의 성격이 더욱 짙어진 것은 1970년대부터다.

**45** 〈여원〉(1956년 1월)

**46** 전경옥·김은실·정기은,「패션 디자이너 최경자」,『한국여성인물사 1 개화기 —1945』(숙명여자대학교 아시아여성연구소, 2004)

**47** 그녀가 가르친 학생들 중에는 대중적으로 이름을 알린 앙드레김, 박정일, 문경희, 김부미 등이 있다.(최경자,『최경자와 함께 한 패션 70년』(1999)) 같은 해 국내 최초로 패션 일러스트레이션과를 창설하고, 1963년에는 모델 양성 기관 차밍스쿨을 창설하여 패션 교육의 기틀을 마련하였다.(신혜순,『한국패션100년』 55쪽(미술문화, 2008))

**48** 〈여원〉(1965년 7월)

**49** 「나의 의식주」〈여원〉(1963년 1월)

**50** 고부자,『우리 생활 100년 옷』 243쪽(현암사, 2001)

**51** 「16일에 의상 발표회 백희득」〈동아일보〉(1961년 12월 15일)

**52** 「개성의 발견과 신장을 위하여, 개성미를 창조하는 다자이너, 한희도, 보오구 양장점주」〈여원〉(1963년 3월 )

**53** 김미선,「근대적인 '직업여성'의 여성정체성과 직업의식의 형성과정에 관한 연구—1세대 미용사 임형선의 구술생애사를 중심으로」(한국여성사학회, 2009)

**54** 권정희,「여성의 인생수첩, 나는 자유업(미용)을 택했다」〈여원〉(1960년 11월)

## 5장

**1** 서울 YWCA가 있는 건물은 1958년에 세워진 것으로 YWCA 회관이라 불렸다.(「YWCA 회관 건축비로 금일봉 대통령 부인 전달」〈동아일보〉(1958년 1월 26일)) 그리고 대한 YWCA 연합회는 이전부터 사용하던 건물을 헐고 대한 YWCA 회관을 새로 짓고 1968년에 신축·개관하였다.(「YWCA 회관 준공, 1,230평에 5층 건물」〈동아일보〉(1968년 9월 12일)) 이 건물은 1969년에 YWCA를 위해 오랜 동안 활동해온 박에스더의 공을 기념하는 뜻으로

박에스더 기념관으로 명명되었다.(「박에스더 기념관으로」〈매일경제〉(1969년 1월 14일))

**2** 「르뽀 여성단체, 대한 YWCA」〈여원〉(1964년 11월)

**3** 「성황리에 폐강 하기 양재 강습회」〈동아일보〉(1956년 8월 28일)

**4** 「YWCA 미혼 여성 학교 미쓰 위한 강좌」〈동아일보〉(1962년 3월 7일)

**5** 1980년부터는 전진상 교육관이라는 이름으로 운영되고 있다.(출처 : 전진상 교육관 홈
페이지 http://www.jjscen.or.kr/)

**6** 「미용사 가요 발표회」〈경향신문〉(1964년 5월 5일)

**7** 서울역사박물관,『명동: 공간의 형성과 변화』45쪽(서울역사박물관, 2012)

**8** 오유석·윤택림『서울 토박이의 사대문 안 기억』251~254쪽(서울특별시사편찬위원회,
2010)

**9** 식민지 시기 서울역에서 문을 연 돌체 다방은 해방 후인 1947년경에 명동으로 옮겨왔
다. 1980년대 문을 닫을 때까지 음악다방으로 유명했다.

**10** 이가언, 「1900년대 초중반 명동지역 다방의 변천과 역할에 관한 연구」125~131쪽(추계
예술대학교 문화예술경영대학원 석사 학위 논문, 2008)

**11** 「여대생 좌담회」〈동아일보〉(1960년 6월 8일)

**12** 「24일 향일向日예정 경기여대 배구팀」〈동아일보〉(1960년 11월 22일)

**13** 1945년에 명동 1가 74번지에서 문을 열어, 1980년대까지 운영되었다.

**14** 박경룡·김일림·홍윤정『명동의 변천사』202쪽(서울특별시 중구문화원, 2003)

**15** 〈여원〉에 일찍부터 광고를 실어 여성들의 관심을 끌었다.

**16** 시공관은 식민지 시기인 1936년에 일본인에 의해서 명치좌明治座라는 이름으로 연극을
상연하는 극장으로 문을 연 뒤, 해방 뒤에는 시공관으로 이름을 바꾸고 각종 공연과 영화
등을 상연했다. 1956년에 시립극장으로 이름을 바꾸고 연극과 영화 상영을 늘렸다. 1962년
에 국립극장으로 재개관하였다.

**17** 변재란, 「한국 영화사에서 여성 관객의 영화 관람 경험 연구 : 1950년대 중반에서
1960년대 초반을 중심으로」, 117~118쪽(중앙대학교 영화학과 박사 학위 논문, 2000)

**18** 김성희, 「여성국극의 장르적 성격과 이미지로서의 역사」〈한국연극학〉40호, 71쪽
(2010)

**19** 김성희, 「여성국극의 장르적 성격과 이미지로서의 역사」〈한국연극학〉40호, 79쪽
(2010)

**20** 변재란, 「한국 영화사에서 여성 관객의 영화 관람 경험 연구 : 1950년대 중반에서 1960
년대 초반을 중심으로」(중앙대 영화학과 박사 학위 논문, 2000)

# 주

**21** 서울역사박물관,『명동: 공간의 형성과 변화』, 339쪽(서울역사박물관, 2011)

**22** 「서울 새 풍속도 명동 뒷골목 누비는 암달러상」〈경향신문〉(1971년 9월 7일)

**23** 서울역사박물관,『명동, 공간의 형성과 변화』335~339쪽(서울역사박물관, 2011)

**24** 김명환,『서울의 밤문화』74~79쪽(생각의 나무, 2006)

**25** 김은하,「전후 국가 근대화와 '아프레걸(전후 여성)' 표상의 의미─여성 잡지 여성계, 여원, 주부생활을 대상으로」〈여성문학연구〉16호, 177~209쪽(한국여성문학학회, 2006)

## 에필로그

**1** 서울역사박물관,『명동: 공간의 형성과 변화』152쪽(서울역사박물관, 2011)

**2** 〈한겨레〉는 '도시공간과 사람, 명동이야기 실험 프로젝트'라는 제목으로 2011년 여름의 명동 모습을 취재하여, 그해 10월에 4회에 걸쳐 기사화하였다.

**3** 「기성복 붐」〈경향신문〉(1963년 6월 21일)

**4** 「이지오더부 아리사 양장점에」〈경향신문〉(1962년 8월 25일)

**5** 「기성복 패션쇼 최경자 여사가 80여점 발표」〈경향신문〉(1964년 11월 18일)

**6** 「군소 양장점 폐문 속출」〈매일경제〉(1969년 2월 25일)

**7** 그림,「특집 공간, 레즈비언 해방 공간, 70년대 명동」월간〈언니네〉(2007년 4월 http://www.unninet.net)

**8** 최근 명동에서 지척에 위치한 남산 안기부 터를 인권과 평화의 숲으로 만들기 위한 캠페인이 벌어지고 있다. 이는 명동의 화려했던 명성을 되찾기 위한 움직임의 방식과는 사뭇 거리가 있어 보인다. 그럼에도 역사의 굵직했던 한 시점을 통과한 그 공간을 역사화하고 의미화하는 작업은 명동에도 분명히 조용한 파급을 미칠 것이다.

**9** 서울역사박물관,『명동: 공간의 형성과 변화』200쪽(서울역사박물관, 2011)

## 도판 및 인용 출처

### 도판

19쪽 〈명동〉 ⓒ 김한용, 사진 제공 눈빛출판사

20쪽 〈여인들〉 ⓒ 임응식, 사진 제공 국립현대미술관

23쪽 〈명동 입구, 미도파 백화점〉 ⓒ 김한용, 사진 제공 눈빛출판사

40쪽 센긴마에 광장, 사진 제공 서울역사박물관

46쪽 본정 1정목, 사진 제공 서울시사편찬위원회

47쪽 본정 2정목, 사진 제공 서울역사박물관

48쪽 명치정과 상점들, 사진 제공 서울시사편찬위원회

52쪽 조지야 백화점, 사진 제공 서울시사편찬위원회

53쪽 미츠코시 백화점, 사진 제공 서울시사편찬위원회

70~71쪽 서울상계약도, 지도 제공 서울역사박물관

72~73쪽 서울안내─명동 편, 지도 제공 서울역사박물관

165쪽 한일 친선 모임, 사진 제공 임형선

192~193쪽 명동에 위치한 국립극장, 사진 제공 국가기록원

196쪽 대한극장과 단성사, 사진 제공 국가기록원

### 인용

18쪽 「서울의 축소판 명동의 하루」〈동아일보〉(1957년 11월 25일)

20쪽 「봄을 전시하는 쇼윈도」〈경향신문〉(1959년 3월17일)

21쪽 〈명동의 밤〉(박재란 노래, 전우 작사, 박춘석 곡)

22쪽 「장장하일」(최일남 지음)

23쪽 〈멋쟁이 명동 아가씨〉(박재란 노래, 백서운 작사, 김호길 작곡)